宮家邦彦 Miyake Kunihiko
キヤノングローバル戦略研究所 研究主幹

トランプ大統領とダークサイドの逆襲

宮家邦彦の国際深層リポート

時事通信社

まえがき

差別主義的白人ポピュリストと既得権を代表する女性政治家との史上最低の大統領選。これが、今回のトランプ氏とヒラリー氏の争いの本質でした。

そして、驚くべきことが起こりました。

共和党指導部も予想しなかったトランプ大統領が誕生したのです。

2015年夏の段階で、トランプ氏は「泡沫候補」でした。

あんな暴言を吐く男が、共和党候補として残るわけがない。誰もがすぐに消え去ると思っていました。

ところが、あれよあれよと言う間に、他の共和党候補が脱落します。

クルーズ、ルビオ、ブッシュ、そのほかの候補が、どんどんトランプ氏に撃ち落とされていきました。

多くの人たちの予想を覆す事態が次々と現れたのです。

民主党のヒラリー氏も、当初から苦戦を強いられてきました。民主党候補を争う際は、ごりごりの社会主義者サンダース氏にもう少しのところまで追いつめられたのです。平時なら考えられないような事態です。

サンダース氏を支持したのは、若い人たちです。「学費を無料にする」「恵まれない人たちへ目を向ける」といったことを訴えたサンダース氏は、民主党においても一定の支持を集めました。

ヒラリー氏は、実務的能力という点では「政治マシーン」として、とても有能です。

しかし、何せ人気がなかった。ヒラリー氏個人の資質というよりは、彼女が1993年以降、アメリカの政治の中心である「ワシントン」を象徴する1人であったことが大きかったかもしれません。

私が米国に在勤した90年代から、ビル・クリントン米大統領のファーストレディーならぬ「影の大統領」として、ホワイトハウスで采配をふるってきました。米国民の大多数から見れば、そんな彼女は「信用できないワシントン」側の人間であり、私が言う「ダークサイド」を心中に抱えた名もなき大衆から見れば、「ブライトサイド」（輝ける側）の憎き対象です。

2016年の米大統領選は、その意味で、米国民の「内向き志向」、大きな怒りがあぶりだされた選挙だったと総括できます。

しかし、私も、正直に言えば、トランプ氏が大統領になるとは考えていませんでした。ただ、今年の選挙だけは読みきれないと覚悟しました。選挙戦最後の段階では、予想することをやめました。

私も含め、多くの人たちは、トランプ氏を押し上げた「ダークサイド」の大きさと深さを測りそこねていたのだと思います。

どういうことか。

米国内に充満していた「怒り」、「閉塞感」、「やるせない思い」や「不満」、そういったものが「ダークサイド」に充満したガスとして噴出したことが、今回の米大統領選の影の、そして真のテーマなのです。

「ダークサイド」の受け皿がトランプ氏でした。「トランプ現象」とも言うべき帰結こそが、今回の米大統領選の本質なのです。

だからこそ、共和党、民主党を問わず、現体制への不満、将来への見通しのなさを喧伝《けんでん》したトランプ氏、サンダース氏が多くの支持を集めたのでしょう。

メディアも含め、シンクタンクなどのアナリストは、どこかで、従来型の米大統領選挙分析手法・視角で今回の選挙を見ていたのでしょう。

トランプ氏が直面している状況は、8年前のオバマ大統領が見ていた世界とは大きく異なります。トランプ氏により分断が進んだ米国内に高揚感はなく、深い溝が残り、不満と怨嗟《えんさ》が渦巻いています。

時代は「スター・ウォーズ」

これは、しかし、アメリカだけの話ではありません。世界中で同時進行で起きていることなのです。世界中に「ダークサイド」が充満しています。

このところ国際会議などで、現在の世界情勢を「スター・ウォーズ」になぞらえて説明すると、結構、ウケます。おそらく、世界共通のイメージとして使えるからでしょう。「ダークサイド」というのは、皆さんご存じ、映画「スター・ウォーズ」の重要な一つのテーマです。シュコー、シュコーという呼吸音とともに現れる悪の皇帝「ダース・ベイダー」が陥った、人間の暗黒面のことです。

例えば欧州の「ダークサイド」とは、イギリスのＥＵ離脱をもたらした民衆の不満であり、イギリスから離脱しようというスコットランドの不満であり、欧州全体を覆う移民排斥の機運でもあります。

中東も例外ではありません。私は「イスラム国」もまた、宗教の名を借りたスンナ派アラブ的「ダークサイド」の一つの帰結だと考えています。「アラブの春」も民主化運動などと言われていますが、その原動力となったのは、既存体制への庶民の不満でした。

中国ですら、格差拡大に対する民衆の不満を抑えることができません。習近平政権は、「反腐敗運動」として、共産党高級官僚の摘発を続けています。政敵を撃ち落とす目的とも言われていますが、民衆に蔓延《まんえん》する不信・不満のガス抜きでもあります。

もちろん、日本も例外ではありません。「ダークサイド」をどのように制御するかが、今後の日本の政権の課題であり続けるでしょう。

本書では、米大統領選であぶりだされた「ダークサイド」(第1章、第2章)を皮切りに、世界を覆うこの厄介で容易には解消しそうもない問題を見ていきます。

「スター・ウォーズ」シリーズ第2作目(9部作の5作目に位置づけられる)の映画のタイトルは「帝国の逆襲」でした。現在の国際状況に鑑みれば、ここでいう帝国とはクリミア併合を行ったロシア、南シナ海で軍事化のための人工島建設を強引に進める中国だといって差し支えないでしょう。20世紀以降の近代では、19世紀にあったような「帝国」はなくなったと思われたのですが、21世紀に入り、諸帝国は復活しつつあるのです。第3章ではそこを見ていきます。

第4章、第5章では「ダークサイド」に覆われつつある世界を読み解くためのツール（大きな変動の前に現れる「徴候《サイン》」の見つけ方、正しい「地政学リスク」の見極め方）を読者の皆様に伝授できればと思います。

本書に書かれている分析や仮説はすべて筆者個人のものであり、他の個人や団体の意見を代表するものではありません。読みやすくするため、あえて会話調で書きました。どうか気楽にお楽しみください。

キヤノングローバル戦略研究所　研究主幹　宮家 邦彦

目次

第2章

世界を覆うダークサイド　75

第3章

ブレグジットとロシア熊の覚醒　113

第4章

ダークサイド「諸帝国の逆襲」 157

第5章

地政学リスクとは何か
――正しい日本の針路の取り方

203

装　幀／出口　城（グラム）
本文デザイン／梅井裕子（デックC.C.）

第1章

何がトランプを大統領に押し上げたか

異例のトランプ米大統領を生み出したのは、経済的にも苦境に立たされた白人労働者層を中心とする「ダークサイド」の怨《えん》嗟《さ》の声だった。

※本文の聞き手は時事通信出版局編集部

「暴言拡大」悪循環の果てに

――まさかのトランプ大統領が誕生しました。日本にとっての中長期的な「トランプ・リスク」は何でしょうか。

トランプ氏のリスクは、彼が政治を理解しない可能性です。

もしそうなれば、日本だけでなく、世界の米国の同盟国が深刻な問題を抱えるでしょう。オバマ政権ですら、米国の力を適切に使う能力が十分ではありませんでしたが、トランプ氏が米国の同盟関係をないがしろにするなら、日本を含む多くの同盟国が弱体化し、**ロシアと中国が高笑いし、結果的に米国はその偉大さを失っていくでしょう。**

——なぜトランプ氏は大統領になれたのでしょうか。

トランプというのは「原因」ではなくて、「結果」でした。

トランプ氏の資質や能力に誰も期待していません。ただし、**彼が放つ言葉は、米国民の一部を刺激する「本音」**です。

米国内には閉塞感が広がっています。

だから、「メキシコとの間に壁をつくり、移民は入れない」「国内の雇用を確保する」「みんなの生活を豊かにする」。こういうことを言うと、大喝采となるのです。

他にもさまざまなトランプ氏の暴言がありました。例えば「イスラム教を信じている人はテロを引き起こす。だから国外に追放する」。

こういう言葉は、政治的、社会的に適切ではない暴言なのですが、実は皆が言いたくても言えない言葉でもあります。

普通はメディアがこうした暴言を問題視すべきなのですが、**彼の暴言が民衆の本音として大きく支持されているため、報じざるを得なかった**のです。こうして、暴言がさらなる暴言を生み広まっていくという「悪循環」をもたらしました。

――ひどい選挙戦でした。

今回の米大統領選は、「どちらがマシか」を選ぶ、史上最低の大統領選でした。トランプ氏はめちゃくちゃ。暴言だけにとどまらず、大統領を任せるには問題が多すぎる。

しかし、一方のヒラリー氏もまったく人気がない。選挙戦最後の頃には、健康問題まで出て、パーキンソン病ではないか、とまで言われた。

米大統領選の共和党候補ドナルド・トランプ氏が民主党候補のヒラリー・クリントン氏に勝利し、アメリカ合衆国第45代大統領となることが決まった。(写真/AFP=時事)

どちらが、よりマシかを選ぶ、**実に消極的な選択の大統領選**でした。

私も個人的趣味として過去40年間ずっと米大統領選を見てきましたが、こんなに高揚感のない、つまらない選挙は経験がないですね。

――どうして、トランプ氏がここまで支持を広げたのでしょうか。

世界中で同じことが起きています。

後ほど触れますが、私はブリュッセルのテロが起きた空港に、テロの3週間前に国際会議に参加するために訪れました。チケットカウンターでずいぶんと細かく尋ねられたことを覚えています。乗客に対するセキュリティーが厳しかったんです。それでもテロは起きた。

――テロが米大統領選とどう関係があるのですか。

まあ、あせらないで。それはおいおい確認していきましょう。**欧州でのテロも、トランプ現象も、同じ根っこを持った問題**なんです。

米大統領選で、民主党候補を争っていたのはヒラリー氏とバーニー・サンダース氏。意外とサンダース支持は大きいものだったんです。特に若い人に支持者が多かった。

共和党の方も、テッド・クルーズ、マルコ・ルビオ、ジェブ・ブッシュなどが出馬したんだけど、結局トランプ旋風の前に消えちゃった。

これはよく考えてみると、すごい人たちなんです。ヒラリー氏はあの女癖の良くないビル・クリントンという男を大統領にした女性ですよね。「ポリティカル・マシーン」と呼ばれるような豪腕を持っています。

それから、バーニーさんは自他ともに認める社会主義者。トランプ氏の本質は大衆の風向きを読むことに長《た》けたテレビ司会者。要するにただのコメディアンですよね。

これに対し、クルーズ氏は宗教保守のティーパーティー（茶会党）系。こんな候補しか残らなかったのが実態です。

何でこんなことになっちゃうのか。

これ、**世界中で同じことが起きている**んです。

アメリカの「ダークサイド」

なぜこんなことが起きたかというと、ヨーロッパでもテロを含めて、おかしな動きがたくさん起きていますが、それと同じようなことが、実は「トランプ現象」でも起こっていたんです。

アメリカには「光と影」があります。

トランプ氏というのは不動産王でとても大金持ちなんだけど、同時に、アメリカの影であるダークサイドを代表しているんです。

アメリカのダークサイドとは何か。具体的に言えば、今回のトランプ現象の中心にいるのは白人男性でブルーカラー、高学歴ではない人たちです。

このグループが「アメリカの影」です。

ちょっと歴史を振り返って、難しい話をしましょう。

アメリカは冷戦時代にソ連・共産主義と戦いました。

同じ頃、ヨーロッパや日本は**「修正資本主義」**を採りました。

富の再分配をしなければ労働者の不満がたまり、社会全体が共産主義に傾いてしまうかもしれないからです。

日本の自由民主党は、今から思えば、かなり社会主義的な政策を取り込んできた政党でした——これに比べれば今の中国共産党の方がはるかに資本主義的であり、一体どこが「共産党」なのかという感じですが——日本は、国内産業を積極的に保護し、国営企業も温存しました。

その結果、国鉄や郵政などが残りました。今はそれぞれ民営化されましたが、当時は、国が産業を保護し、**富の再分配を積極的に行ったん**です。

その後、東西冷戦が終わって、どんな時代が来たかといえば、グローバリゼーションと規制緩和です。市場経済で、効率を重んじ、自由に競争していくんだ、こういう時代になったわけです。

では、富の再分配に積極的に取り組まなかったアメリカはどうなったか。

冷戦後、アメリカが勝ったはずなんだけれども、実際には、1960年代の公民権運動以降、少数派がどんどん偉くなっていって、最終的には、アフリカ系アメリカ人のオバマ大統領まで誕生した。

同時に、アメリカ国内では、アジア系もインド系もヒスパニックも、どんどん生活水準が上がってきた。その結果、何が起きたか。

白人の一部の人がはじかれ、脱落していくんです。

白人の中で、高等教育を受けていない人も、冷戦時代まではそれなりに中産階級の一部でした。ところが、冷戦終了後は、突然ガラガラッと社会的に下降していく。逆に、アフリカ系アメリカ人やアジア系アメリカ人がのし上がっていき、その結果、格差はどんどん広がっていく。

「俺たちはどうなっていくんだ」「一体、どうしてくれるんだ」と怒っているのが先に触れた「アメリカの影」の人たちです。その人たちの声を今回の大統領選でトランプは代弁していたんです。

――なるほど、「不満層の声」がトランプ氏を押し上げたのですね。

その人たちが言いたいことをトランプがすべて代弁しました。女性蔑視の発言も、それから人種差別的な発言も、実は、みんな本当は言いたくて仕方がない。「あいつらのせいで俺たちはこんなになったんだ」と。でも、そんなことを言ったら、アメリカでは一発でレッドカードです。**「ポリティカリー・コレクト」**と言いますが、政治的に不適切な発言をすれば普通は一発でレッドカードです。アメリカの政治家でそれを言ったら、即退場なんです。

★ポリティカリー・コレクト＝偏見や差別を持たず、政治的に正しい態度を取るために、人種・宗教・性別の違いに対して、より中立的な表現を用いること。

ところが、トランプは平気。レッドカードは既に何十枚ももらっているのに、最後まで退場しなかった。なぜかというと、トランプに審判がレッドカードを出したら、聴衆がブーイングするからなんです。

「何でだ、いいじゃないか」と。

これが今でもアメリカで起きていることです。ダークサイドが自分たちは不公平な状況に置かれていると怒っている。

その怒り、不信感は今ワシントン、新参移民、イスラム教徒などに向かっているんです。

アメリカの首都ワシントンは「光」（ブライトサイド）です。光の部分が、全米のダークサイドから怒りを買っている。今回、負けたヒラリーは1993年から夫ビル・クリントンのファーストレディーとしてワシントンにいました。つまり「光」を代表する典型的人物なんです。

彼女が選挙で苦戦したのは、彼女が「怨嗟《えんさ》」の対象だったから。民主党でもアメリカのダークサイドが表れたのだと私は見ています。実に恐ろしいことです。

次頁の図1を見てください。これがアメリカの今の各郡ごとの、つまり、最小の地方自治の単位ごとの収入を表したものです。濃淡を見ると分かりますが、これだけ格差が広がっているんです。

そして、図2のグラフは1970年から2050年までの推計も含む、アメリカの国内人口の構成です。

色の薄い方がマイノリティー（少数派）で、色の濃い方が白人です。1970年には、白人とマイノリティーの人口の差が7対1ぐらいだったのが、何と**2040年から2050年の間にマイノリティーが少数派ではなく、マジョリティー**

図1　アメリカの平均世帯年収（2012年）

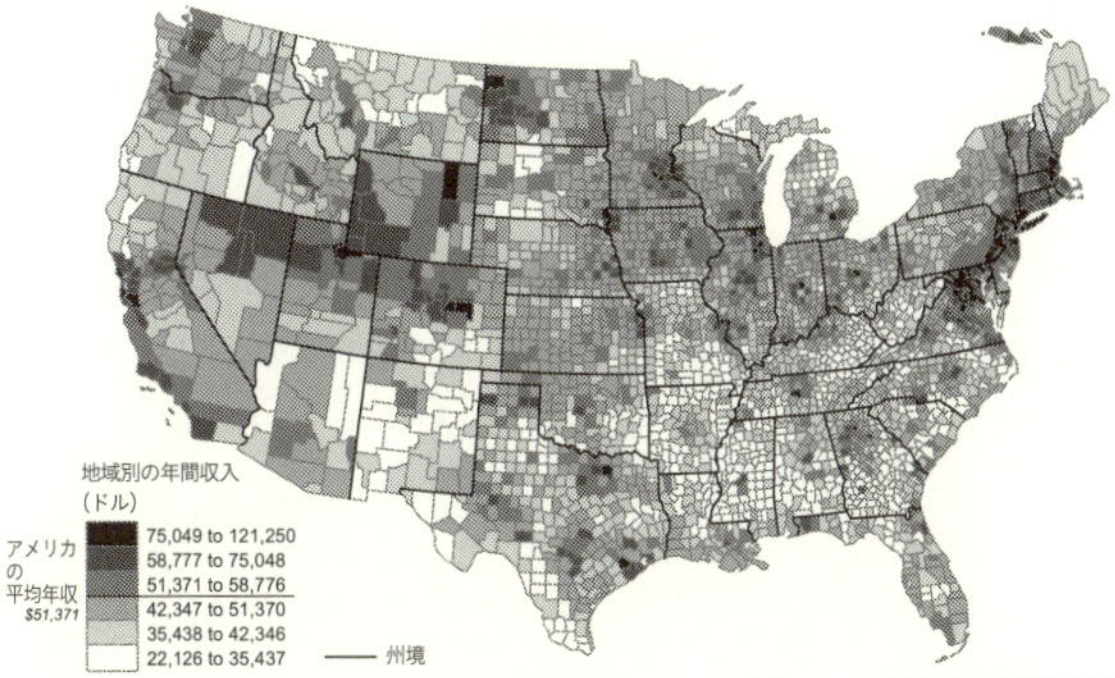

出典：アメリカ合衆国国勢調査局

図2　アメリカの人口構成（1970年～2050年）

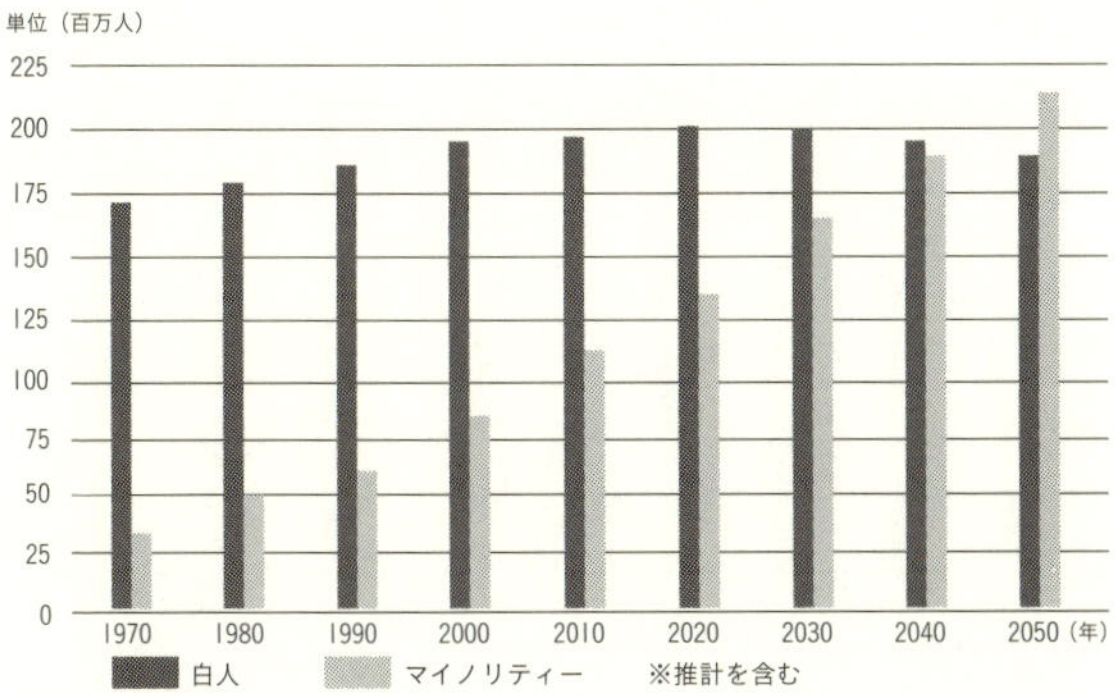

出典：アメリカ合衆国国勢調査局

（多数派）になる見通しです。

そういう社会に今、アメリカは大きく、とても大きく変わろうとしています。

そして、もう1つ大事なのは収入です。図3のグラフを見てください。

欧州（すなわち白人）系のアメリカ人よりもアジア系アメリカ人の方が平均収入が高い。また、ヒスパニックもラテン系もアフリカ系もそれなりに稼いでいる。白人の多くがマイノリティーのエリートに負けて

図3　人種別平均世帯年収（1967年〜2015年）

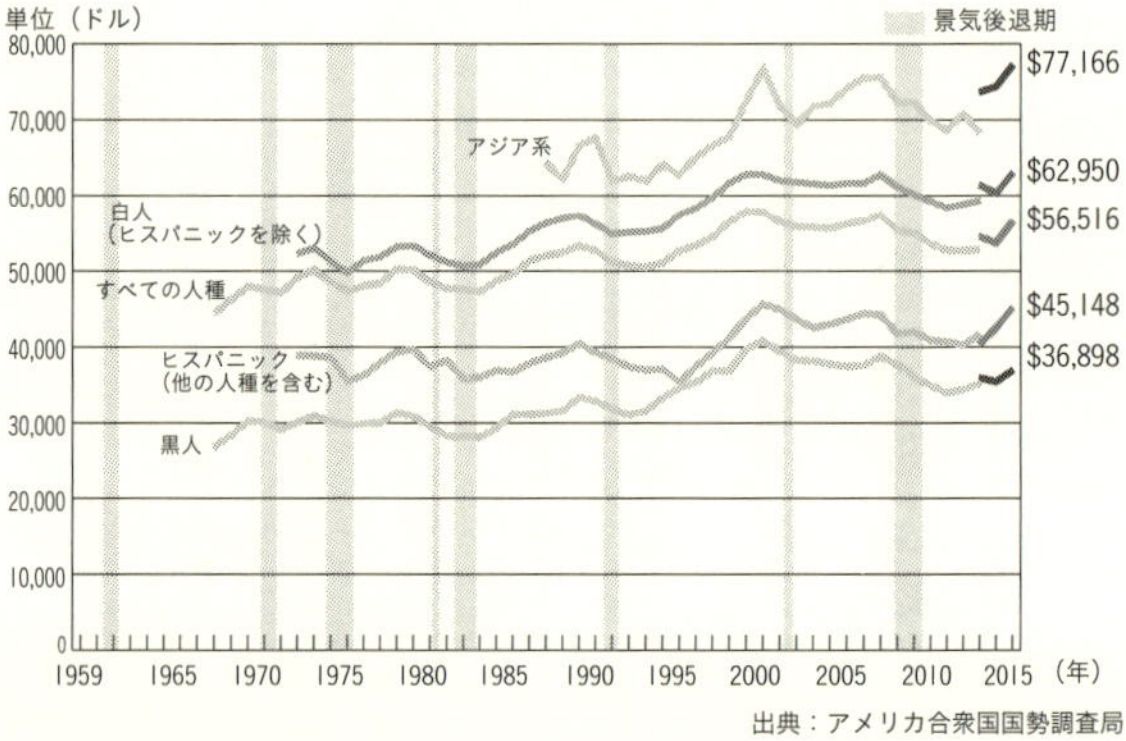

出典：アメリカ合衆国国勢調査局

いるのです。

これが今、アメリカで起きていることです。これはもしかしたら政治的な地殻変動につながっていくかもしれない。

——白人系が人口でも少数派に向かい、既得権益を持っていた人たちの収入が低くなっていったのですね。

そう。そしてもう1つ重要なことがあります。これまで、ある意味で、アメリカの白人の利益を代表してきたともいえる**「保守層」の変化**にそのヒントがあります。

アメリカ保守層の変化

少し迂遠《うえん》に思われるかもしれませんが、アメリカの保守層に注目してみましょう。

ここに注目していくと、**今回なぜ「トランプ現象」が起きたのかが、分かるか**らです。

1989年に冷戦が終わったことが、近現代史を考える上で決定的に重要です。アメリカも例外ではありません。冷戦終了から約四半世紀が経過した現在、冷戦後の時代と国際情勢をどう考えればよいのか。

米ソの2極時代から無極時代に入ったとか、多極化された時代に入ったとか言われていますが、時代区分として考えてみると、私は、2015年あたりから「新時代に入った」と考えます。

――ちょうど米大統領選が始まった年ですね。

そうです。

過去40～50年の米国の流れを踏まえてみた時、**現在起きているのは、「レーガン・デモクラット」以降の米国内政治の地殻変動**です。

ある意味において、実は今回の「トランプ現象」は、「レーガン・デモクラット」と似ているのです。もちろん大きな違いもありますが。

――レーガンといえば、日本の中曽根康弘元首相と仲がよかった米大統領ですね。

★レーガン・デモクラット＝1980年以降、民主党の保守系支持者が共和党のレーガンを支持した現象そうです。では、詳しく見ていきましょう。

ざっくりと先取りして説明すれば、それは、**「保守合同から保守分裂」という流れ**です。トランプ現象を理解するためには、必須の知識です。

アメリカにはいろんな保守がいます。反共保守、宗教保守といった有名なところから、少数派としては、家族の価値を大切にする保守、さらには反国連保守という変わった人たちもいます。反国連保守の人たちは国連軍がアメリカに攻めてくるから、それに対抗するためにロッキー山脈の中で戦闘訓練をしているという、とても変わった人たちです。私は見たことがありませんが（笑）。

こうしたさまざまな保守集団がいて、80年代までは保守は民主党と共和党の両方に存在していました。

日米首脳会談でキャンプデービッドを訪れた中曽根康弘首相（左）を出迎えるレーガン大統領〔1986年4月〕（写真／時事）

――「保守合同」というと日本でもありました。自由民主党が出来たことですよね。

日本の「保守合同」は、1955年11月に、自由党と日本民主党が合同して自由民主党が結成されたことを言います。そして、そこから日本はいわゆる「55年体制」が始まりました。米国でも、70年代から次第に政治が保守化していきます。

第2次世界大戦後、米ソの「冷戦」と呼ばれる状態が40年代から始まり、ソ連の脅威がアメリカでは危機的なものとして感じられていました。

その後、古き良き追憶の50年代、それから公民権運動が吹き荒れた60年代があって、70年代以降、アメリカでは政治の保守化が始まります。

70年代までの民主党は北部の左派と、南部の右派が合体した、圧倒的に議席数では多数を占めた党でした。

いわばかつての日本の自民党みたいなものです。民主党内には左派と右派がいました。

これに対し、当時の共和党はどちらかというとビジネスで成功した金持ちを中心とした党で、自らを**「伝統ある偉大な党」**（GOP：グランド・オールド・パーティー）と呼んでいました。

ただし民主党と比べると、各州のエリートの緩い連合体で、あまり求心力はなく、ばらけていました。

ところが、1968年、ニクソンが大統領に当選したあたりから米国社会の保守化が始まりました。

そのニクソンはウォーターゲート事件で失脚します。

★ウォーターゲート事件＝1972年6月、ニクソン米大統領の再選支持派がウォーターゲートビルに盗聴器を仕掛け、逮捕。ニクソン氏は74年8月、大統領を辞任した。

もう少し詳しく見ると、共和党のニクソン大統領が辞任する1年前に、アグニューという副大統領が辞任します。その結果、憲法の規定により、ジェラルド・フォード下院院内総務が大統領の指名と上下両院の承認を得て副大統領になりました。

その後、１９７４年にニクソンが失脚したため、副大統領だったフォードが大統領になったんです。彼は史上唯一、大統領選で勝利せずに就任した米国大統領です。

こうした混乱の中、１９７６年に、当時無名だった元ジョージア州知事のカーターがフォード大統領に挑戦し、勝利しました。

１９８０年の保守合同

――そして、その次はレーガンの時代ですね。

レーガンは強烈な「反共保守主義者」であると同時に、アウトサイダーでもありました。

彼は映画俳優出身のカリフォルニア州知事でした。社会状況も今と似ています。ウォーターゲート事件が起き、**米国の名もなき庶民は、「ワシントンは腐敗している、政治はむちゃくちゃだ」と思っていた。**その中でアウトサイダーであることが政治的意味を持ったのです。今と似ていますね。

レーガンは、3回、大統領選に挑戦しています。

1968年は予備選で敗退。1972年は出馬せず、1976年に再出馬。フォードに肉薄する勢いでした。

当時のフォード大統領は元下院議院内総務。これはもうまさに「エスタブリッシュメント」の象徴のような人です。今で言えば、1993年から大統領夫人、上院議員としてワシントンで仕事をしてきたヒラリー氏みたいなものです。

それに対して、元カリフォルニア州知事で映画スターだったレーガンが、アウトサイダーとして挑戦したわけです。


保守化が進んでいた米国でレーガンは意外と票を取り、共和党の大統領予備選挙は拮抗します。

私は当時、アメリカに留学していたのですが、１９７６年の共和党・党大会の模様をテレビの生中継で見ていました。結果は拮抗、僅差で辛うじてフォードが勝つんです。そのときのフォードは憔悴《しょうすい》していて、勝ったはずなんだけど、敗者かと思うぐらいでした。


それに対して、負けたレーガンは意気軒昂でした。

普通なら、そのような拮抗した戦いが終われば、直ちに党内融和を図ります。

党を二分したわけですから、勝者であるフォードが敗者であるレーガンを副大統領候補にして、党の団結をアピールするのがベストです。

フォードは中西部ミシガン州の小さな選挙区出身の元下院議員です。これに対し、レーガンは西部のカリフォルニア知事ですから、東西のバランスも悪くありません。

大統領選挙における大統領候補と副大統領候補のペアを米国では「チケット」と呼ぶのですが、この2人はチケットとしてもバランスが良いので、レーガンが副大統領候補になれば、「めでたし、めでたし」だったわけです。

ところがレーガンはこれを潔しとせずに、カリフォルニアに帰ってしまうんです。

そこでフォードは、元ニューヨーク州知事で大財閥の一員であるネルソン・

ロックフェラーを副大統領に指名しました。要するに「ワシントンと既得権益の象徴」のようなフォードとロックフェラーがウォーターゲート後の共和党を背負ったわけです。

——エスタブリッシュメントの政権だった。

それに対し、1976年の大統領選には民主党から、やはりアウトサイダーで、「Jimmy who?（ジミーって誰だ？）」と言われていた無名のジミー・カーターが出馬し、現職のフォード大統領に勝利します。

それで、レーガンはどうしたかというと、1980年の大統領選に再出馬します。当時、既に69歳で結構な年齢だったんですけども、もう1回チャレンジするんです。

当時、大統領だったカーターはとにかく素人でしたから失政が続きました。絶好のチャンスが共和党に回ってきたのです。レーガンは保守強硬派の立場から、ソ連に対抗できる「強いアメリカ」を唱えました。これに対して、後に**「レーガン・デモクラット」**と呼ばれるのですが、共和党のレーガン候補を支持する保守系の民主党支持者が現れたんです。こうしてレーガンは大勝し、彼の下で米国のさまざまな保守グループが結集しました。

これを私は**「1980年のアメリカの保守合同」**と呼んでいます。

保守合同とは、先ほど触れたように日本では、1955年に自由党と日本民主党が合同して自由民主党が生まれたことを指すのですが、アメリカでは1980年に起きているんです。

結論から言うと、これによって、南部の民主党の保守票の多くを共和党のレーガンがさらっていった。つまり南部の保守系の民主党員が雪崩を打って共和党員になっていった。これは政治的な大激変でした。

その結果、共和党は80年代、非常に強い大統領の下で冷戦を戦い、そして見事に冷戦に勝ったわけです。

ここまでが**米国版保守合同の最盛期**です。

――米ソ冷戦の2極化時代に勝って、「アメリカ1強」の時代がきた。

ところが、冷戦が終わって何が起こったかというと、保守層を束ねていたレーガンの反共保守主義、これがだらけてくるわけです。

だって、敵がいなくなっちゃったから。

米ソ首脳会談で、笑顔で記者会見するゴルバチョフ・ソ連書記長（右）とブッシュ（父）米大統領。米ソ冷戦構造に終止符が打たれた。〔マルタ、1989年12月〕（写真／時事）

冷戦が終わった時の大統領は父ブッシュだったわけですが、１９９２年になって何が起きたかというと、共和党が80年代の勢いを大きく失っていくんです。物言わぬ庶民は、「保守主義で冷戦に勝ったけど、俺たちの経済はどうなっているんだ」と。「アメリカの経済はむちゃくちゃじゃないか」と。そういう声が大きくなってきた。

そんな中で、アーカンソー州知事だったビル・クリントンが出てくるわけです。

私はその時、ワシントンの日本大使館にいたからよく覚えていますが、「非常に女癖の悪い若い知事が大統領になりたいと言って出馬するらしいよ、ははは」というのが、当時、アメリカの政治関係者から聞いた言葉です。

だけど、ビルの裏にはヒラリーという強力なサポーター兼パートナー兼参謀がいて、１９９２年の大統領選で共和党に勝っていく。

そのときのスローガンは「It's the economy, stupid」という言葉でした。要するに**「ばかやろう！　経済こそが問題なんだ！」**と、そういう時代だったんです。

1993年にクリントンが大統領が就任しましたが、その後もいろいろなスキャンダルはあるんだけど、結局8年間大統領をやるわけです。

その間に何が起きたかというと、共和党の保守合同の成果がさらにだらけていって、「保守合同」の逆、すなわち「保守分裂」が始まりました。

その中で一番力を失っていったのは、何と、最も穏健で最も現実的な主流派の指導者たちでした。

――なるほど、緊張感がなくなって主流派が力を失っていったと。

そもそも、なぜ彼らが主流になったかといえば、冷戦時代は「ソ連と核戦争が起こるかもしれない」という、具体的かつ、ものすごく大きな恐怖があったからです。

下手をするとソ連と戦争になって、両国とも全滅になる恐怖です。

ですから**外交政策、特に対ソ政策の担当者については、非常に冷静で現実的で穏健で信頼できる人が集められた**わけです。

それがジョージ・シュルツ元国務長官であり、キャスパー・ワインバーガー元国防長官でした。この種の人たちにつながる共和党主流派とともに伝統的なアメリカ外交政策を作って実行してきた人たち、彼らはまさに中枢にいたのです。

レーガン自身は元映画俳優の「グレート・コミュニケーター」ですが、その**コミュニケートする内容は、実は共和党の現実主義的保守本流が担っていた**わけです。大統領自身の周りに優秀なスタッフが集められ、彼らが作る「政策」を、上

★米国の国務長官と国防長官は、それぞれ日本での外務大臣、防衛大臣に相当する。

手にレーガンが国民や外国に対し説明したのです。

これは今回のトランプ大統領との対比で見ると非常に面白い。現在の共和党主流派はトランプ氏を厳しく批判してきました。今後、両者の関係がどのように修復されていくかは分かりませんが、少なくとも選挙を通じて、共和党主流とトランプ氏は対立してきました。

トランプ氏とレーガン大統領の共通点は、ある意味アウトサイダーで、コミュニケーターとして非常に能力があり、そして少なくとも一部の人に愛されているということです。

レーガンは「保守の強硬派」として売り出しました。だからこそ、彼には「保守合同」ができたのです。

対するトランプ氏は必ずしも保守主義者ではないですね。彼はポピュリストではあっても、特定のイデオロギーを持つ政治家ではありません。むしろ、かつては民主党員だったこともあるくらいです。

なぜ今回の選挙でポピュリズムに傾斜したかというと、アメリカの国民・有権者が近年どんどん**「内向き」**になっていたからです。トランプは票を得るために自分のスタンスを大衆迎合的に変えてきただけです。だからでしょうか、外交政策ひとつを見ても、非常に突拍子もないものが少なくありません。

当然、共和党の主流、あるいはワシントンの伝統的外交政策に関わってきた人たちからは総スカンを食らっています。

――よく大統領になれましたよね。

ネオコンの時代

話を戻すと、共和党主流派の人たちが冷戦の終了とともに、力を失っていった。

次に、そのような慎重で現実主義的な人たちに代わって、同じ保守主義者だけれども、「アメリカの民主主義は世界で一番なのだから、アメリカの価値を世界に広めていかなくてはならない。そして、広める時には、場合によっては、軍事力を使っても構わない。それが冷戦後のアメリカの国益なのだ」と考える人たちが台頭してきました。

それが一般に**ネオコン（Neoconservatism）と呼ばれる人たち**です。

彼らはもともと共和党の中にいました。しかし、レーガン政権の時代は決して主流ではありませんでした。冷戦中は、「そんな強硬な意見を言うとは、君たち

★ネオコン＝「ネオコンサーバティブ」（新保守主義）の略で、ブッシュ（子）米政権内外の保守政治家や知識人の総称。米国流価値観を絶対とする。

まだ若いね」と言われて退けられていた人たちです。

しかし、冷戦後、彼らは徐々に力を付けてきた。クリントンの時代はずっと我慢をしていましたが、その後、彼らにチャンスが回ってきました。

8年続いたクリントン政権の後、共和党の指導者たちは、何とかして保守主義がさらに「ばらけない」ようにする、何らかの「シンボル」を求めていました。

彼らが見つけたのが**ジョージ・W・ブッシュ（子ブッシュ）**です。賢いというよりは、非常に人柄のいい人です。いい意味で、育ちのよいお坊っちゃま（笑）。ともかく、彼を担ぎ出したわけです。

彼が打ちだしたスローガンは**「Compassionate Conservatism」**という言葉でした。つまり、新しい共和党の保守主義は「思いやりが大切」だということです。

共和党は冷戦後、新しい目玉となる「スローガン」を考えなくてはいけなくなりました。

ソ連が崩壊し、反共という勢いはもうないわけですから、国内に目を向けて、とにかく少数派に寛大で、弱者に優しい、そういった思いやりのある保守主義を最初は前面に出そうとしたんです。

子ブッシュは元テキサス州知事で、ヒスパニック票の取り込みにも努力しました。これに対し、民主党はゴア副大統領が出馬しましたが、僅差で共和党が大統領選に勝ちました。それが２０００年です。

ところが**2001年9月11日に米同時多発テロが起き**、内政はCompassionate Conservatism どころではなくなります。イスラム過激派にどう対処するかという問題が前面に出てきた。

そこでネオコンが出てくるんです。

――ネオコンと呼ばれたのは、具体的にどういった人たちなのですか。

ネオコンと呼ばれた人たちは当時のチェイニー副大統領、ラムズフェルド国防長官の周りにいた人たちと言われています。チェイニーやラムズフェルド自身がネオコンだったと私は言うつもりはありませんが、彼らの考えに近い、国際主義的で理想主義的な考えの持ち主たちが周りにいたのです。

9・11（米同時多発テロ）が起き、アメリカはアフガニスタンにすぐに兵を進めました。さらに、**2003年にはイラク戦争を始めている。**

これはチェイニー副大統領にとっては、一種の「リベンジ」のようなものでした。

なぜかというと、1990年にサダム・フセインがクウェートに侵攻し、サウジアラビアが危なくなった。1991年には湾岸戦争が起きる。そのときに米国

★イラク戦争＝米英両国を中心とした有志連合が2003年3月、フセイン政権による大量破壊兵器の脅威を理由にイラクに侵攻。同年4月にフセイン政権は崩壊。

米同時多発テロ。炎上する世界貿易センタービルとマンハッタンの高層ビル群〔アメリカ・ニューヨーク、2001年9月〕（写真／時事）

★湾岸戦争＝1990年、イラクのフセイン大統領の命令で同国軍がクウェートを占領。それに対し、75万人を超える多国籍軍がサウジアラビアの対イラク国境付近に集結した。91年1月の「砂漠の嵐」作戦では、空爆と地上部隊の進攻で100時間でクウェートを解放した。ブッシュ米大統領の決断で、クウェート解放時点で進軍は停止。フセイン体制打倒には踏み込まなかった。

は何十万人もの大軍を世界中の同盟国・友好国から集め、イラクをクウェートから駆逐したわけです。

湾岸戦争の際に実は大きな議論があって、「バグダッドまで一気にやってしまえばいいいじゃないか」と言う人たちがいた。「サダム・フセインの首をとればいいじゃないか」ということです。私自身が、1991年にワシントンでよく聞かされた議論で、恐らく当時の多くの共和党員の正直な気持ちだったと思います。つまり、あのとき一気にバグダッドまで行っておけばよかった。それがネオコンの本音だったわけです。

その人たちが8年たって政権に戻ってきた。ここぞとばかりに昔の「アンフィニッシュド・ビジネス」（やり残した仕事）に取り組んだ。それが2003年のイラク戦争の本質でした。

その結果は「大失敗」でした。それで、ネオコンは政治的勢いを失います。

――たしかにイラク戦争の後遺症は今でも続いています。

ティーパーティー（茶会党）の登場

その後、ネオコンに代わって、共和党の中では、さまざまなグループや政治家による主導権争いが激化しますが、最近では「宗教保守」が勢いを得るようになりました。

これが「**ティーパーティー**」です。ちなみに今回の米大統領選で、宗教保守が担いだ神輿《みこし》がテッド・クルーズ氏でした。

ティーパーティーの人たちによって、アメリカの内政は大混乱に陥りました。

★ティーパーティー運動＝オバマ米政権の医療保険改革などに反対する草の根の保守派による市民運動。英国の重税に反旗を翻し、独立につながった1773年の「ボストン茶会事件」にちなむ。

そして、残念ながら、物事が決まらなくなってしまった。

それはティーパーティーの強硬論を共和党の主流である現実主義者たち、もしくは穏健主義者たちが御せなかったためです。

その結果、ワシントンで政治が動かなくなってしまった。

その流れがあって、米国内政は２０１６年を迎えたわけです。


――意義申し立て運動として、オバマ政権の頃に出てきた人たちですね。


その時期に起きたことで、大きなインパクトを持ったのは、**２００８年のリーマン・ショック以降の経済格差の拡大**です。

格差拡大によって、白人の男性、労働者、高い学歴を持たない人たちがアメリカ国内で落ちこぼれていき、敗者になっていくんです。

★リーマン・ショック＝2008年9月、米証券大手リーマン・ブラザーズの経営破綻をきっかけに世界中に波及した金融危機。「世界恐慌以来」ともいわれる深刻な景気後退に見舞われた。

ワシントンで開かれた集会に参加し、敬礼する「ティーパーティー」の幹部。「ティーパーティー」はオバマ路線に強く反発する保守強硬派の草の根運動。
（写真／AFP＝時事）

なぜ敗者になったかというと、そもそも50年代までのアメリカ社会は白人が圧倒的に強く、単純化すれば、一般にWASP（ホワイト・アングロサクソン・プロテスタント）と呼ばれる集団が支配する世界でした。

ところが徐々にノンプロテスタントであるカトリック、具体的にはアイリッシュ系、ポーランド系、さらに最近ではヒスパニック系が力を持つようになってきた。

１９６０年のケネディ大統領の当選は、実はアメリカ史上初めてカトリック教徒――彼はアイリッシュ系ですから――が大統領になったということで、象徴的な出来事だったのです。

象徴的な事件はさらに続きます。60年代にはマイノリティー（少数派）が覚醒し、公民権運動が起こり、マーティン・ルーサー・キングが登場します。残念ながら彼は１９６８年に暗殺されましたが、１９６４年には公民権法が出来ていたわけです。

それによって、アフリカ系アメリカ人の真の解放が始まりました。

70年代もその流れは続き、アフリカ系の閣僚、最高裁判事などが出てきて、遂に２００９年にはアフリカ系として初めてオバマ大統領が誕生したのです。

このようにしてマイノリティーはどんどん社会的に上昇していき、一部は大金持ちになり、一部は旧ＷＡＳＰと同じ程度のエリート的地位すら得るに至ります。

そうなると、当然のことながら、エリート層からはじかれてしまう人たちがいるわけです。上の方の席の数は限られているのですから。

当然、上の席から真ん中の席に移る白人や下の席から這い上がる少数派がいますから、そこに元から座っていた**白人がどんどん追い出されていく。白人中産階**

級の一部は生き残れなくなってきたのです。

具体的には、白人男性、ブルーカラー、高学歴ではない人たちです。まさにこの人たちがリーマン・ショック以降、格差がどんどん広がる中で、非常に強い敗北感と怒りを持つようになった。

——なるほど。

その結果として、顕在化したのが「トランプ現象」です。

共和党では保守主義連合の結束そのものが壊れていった。「ネオコンも、ティーパーティーも答えを出せなかった」「共和党を支持しているにもかかわらず、自分たちの生活は全然良くならない」「今までのリーダーシップでは駄目だ。結局、俺たちの声を代弁してくれていないじゃないか」そういう不満がたまっていたのです。

こうした考え方を持つ人々の一部が、非常に醜い白人至上主義、不健全で、暴力的なアメリカ第一主義を唱える**「ダークサイド」**だったのです。

でも、今の米国では差別発言などは口が裂けても言えない。言ったら一発で退場、レッドカードになる言葉です。トランプはそれを何度でも繰り返すわけです。

なぜ言うかといえば、それは**「物言わぬ庶民の多くが心の底では彼を支持している」**ことをトランプ氏は知っていたからです。

反響があるから、メディアはトランプ氏の暴言を放送せざるを得ない。こうした**「サウンドバイト」**戦術は古くからあり、決してトランプ氏の専売特許ではありません。でも、何しろインパクトがある。視聴率も高くなる。だから、メディ

★サウンドバイト＝数秒程度の、短く、見栄えがよいインパクトがある刺激的な言葉をメディアなどで流す宣伝手法。

アの出番も増える。

そうすると、次第にメッセージが広がって、ダークサイドの中心部分にいる人たちからその周りの集団に向けて、どんどんトランプ支持が広がっていく。

――トランプ大統領は今後、米国内の「ダークサイド」を含めた亀裂・分断・溝を修復し、コントロールすることができるのでしょうか。

その答えはトランプ氏自身にも分からないのではないでしょうか。

彼は政治経験がなかったことで当選しましたが、**当選後は真の意味で「政治家」になる必要があります**。政治家とは、選挙中は有権者に受けの良い公約を語るのですが、当選後は現実的な政治判断を下し、その責任を取らなければなりません。

つまり、政治家になる以上は、「選挙・キャンペーン」モードから、「統治・ガバナンス」モードに移行しなければなりません。さらに、統治、しかもアメリカ合衆国の統治を行う以上、森羅万象について政治判断が求められますから、何十人、何百人という専門家を信頼し、仕事を任せて、最後の政治責任を取る必要があります。

トランプ政権の成否は、そもそもトランプ氏自身に、そのような選挙モードから統治モードへの変身が可能かどうかという一点にかかっているでしょう。もし、当選後も、トランプ氏がキャンペーンを続けようとすれば、その時点で政治家失格ともなりかねません。**もし、そのような変身が可能であれば、トランプ氏は「大化け」する可能性があります。**

逆に、もし失敗するようであれば、彼自身が分断した米国社会の中から、彼自身が活性化させた「ダークサイド」によって、彼自身が傷付いていく可能性すらあるでしょう。

冷戦後のアメリカでは、勝者よりも敗者の方が圧倒的に多いんです。それによって起きた地殻変動が今も続いています。

当然のことながら共和党だけではなくて、民主党の中にも同じようなダークサイドを抱えた人たちがいます。その典型例が労働組合などでしょう。

ヒラリーはエスタブリッシュメント（既得権力をもったエリート階級）の象徴です。

民主党のダークサイドを抱えた人たちの票の一部は、本来はあり得ないけれども、左派のバーニー・サンダース氏にも行きました。他に行き場所がないから「不満票」として流れていったのでしょう。

それで民主党でサンダース氏にも投票したくない人の票はどこに行ったかとい

うと、何と、共和党のトランプ氏に流れて行ったんです。

――それも、今回の大統領選の特徴でした。

「オープンプライマリー」(開かれた予備選挙)というのですが、州によっては、民主党、共和党の党員として登録されていなくても、誰でも投票できるシステムを採っているところがあります。

そうした州でトランプ氏は強かったんです。なぜかというと、民主党員が共和党のトランプ氏に投票しているからです。それくらいトランプ氏の求心力は大きいものでした。

ということは、先ほど述べた**「レーガン・デモクラット」**ならぬ、**「トランプ・デモクラット」がいた**ということです。

「トランプ・デモクラット」は1980年の「レーガン・デモクラット」に比べたら、保守というよりはナショナリスト、インターナショナリストというよりは内向きではないでしょうか。

今は、80年代当時より生活水準がはるかに低くなっています。恐らく今回は民主党支持者から共和党に全国で何百万票もの票が流れている可能性があります。全体からすれば1％にも満たないかもしれませんが、そうした事実があったとすれば、大きな変化と言えるでしょう。

要するに、**今起きていることはアメリカのダークサイドの逆襲**であって、白人を中心とする落ちこぼれや敗者、さらには閉塞感を感じている人たちの多くがトランプ氏に、そして一部がサンダース氏にすら投票したのだと思います。

逆に言えば、繰り返しになりますが、今回、ヒラリー候補はダークサイドの人々の怒りの標的となった。言い換えれば、ヒラリー氏は、彼らが不公平と考える既得権のブライトサイド、すなわちエスタブリッシュメントの象徴だったということです。

「レーガン・デモクラット」以来の大変化

――なるほど、これでやっと、「トランプ現象」がなぜ起こったのかが分かりました。米国内にある保守層の受け皿がなくなったこと、そして、リーマン・ショック以来の不況が、米国民の、とりわけ白人層を直撃したことの表れ、ということなのですね。

そうだと思います。

これは少なくとも「レーガン・デモクラット」以来の大きな**「民族大移動」**で

しょう。

しかも今回はトランプ氏の勝利により、この種の人々が米国内政治の主流に入っていくのですから、今後さらに大きな地殻変動が起きる可能性すらあります。

レーガンのときの地殻変動は、国際的により強く関与し、善きにつけ悪しきにつけ、穏健でバランスの取れたリーダーの下での保守主義の糾合でした。

ところが今の地殻変動は、国際主義というよりは「内向き」ですし、穏健というよりは極端に見れば、そもそも保守主義かどうかすら分からない政治現象です。恐らく最も大事なことは、レーガン大統領のときは予測可能だったが、トランプ大統領の場合については予測ができない、または予測が難しいことでしょう。

つまり**アメリカの国内政治の地殻変動は、状況次第で、非常に危険な方向に進**

む可能性もあるということです。

ダークサイドの制御は容易ではありません。そもそも、仮にヒラリー氏が選挙に勝って大統領になっていたとしても、このダークサイドは残っていたわけです。誰が大統領になっても、経済状況は変わらないのですから。

つまり、よほど「富の再分配」でもやらない限り、この怒りと不信感を持った白人男性を中心とする不満層は消えない。誰が大統領でも、彼らの声を無視することはできないんです。

「大学を無償にせよ」などと超リベラルなことを言っていたサンダース氏を支持したのは若者だったのですが、若者はやっぱりヒラリーが嫌いなんでしょうね、エスタブリッシュメントだから。

若者票はかつてはオバマ氏に流れ、今回はサンダース氏に流れたわけです。こうした傾向は今後も変わらないでしょう。

――ダークサイドに対するブライトサイド（エスタブリッシュメント）は、今後、米国内で復活するのでしょうか。

２０１６年までのエスタブリッシュメントは、残念ながら、善きにつけ、悪しきにつけ、もう復活しません。**今回の選挙の結果は一時的なものではなく、恐らく不可逆的な効果を持つ**でしょう。２０１７年から、新たなメンバーも加わって、新たなエスタブリッシュメントが作られていくでしょう。その中で、健全な常識を持ち、人種・女性差別的でない、排外主義的でない新たな指導層が生まれるかどうかは、まだ未知数です。

仮に、そうした流れが出てくるにせよ、それまでには長い時間が必要かもしれません。

従ってこのダークサイドは当分続くと思います。

ということは、アメリカがどちらかというと「内向き」になっていく。そして、国際的な関与については減らしていく、もしくは最小限にしようとなる。

つまりオバマ的な動きと変わらない可能性が、今後も続くと覚悟しなければいけないということです。これは、日本にとって試練になります。

――米国、あるいは他の先進諸国で「民主主義の機能不全」が起きているのでしょうか。

米国の民主主義はまだ健全です。トランプ氏が選ばれても、それに反対するデモは自由です。しかし、いかにトランプ氏が嫌いであっても、彼の当選は民主的プロセスにより確定したものですから、そのような若者のデモが「天に唾する」

ものであることも事実です。

民主主義の機能不全が起きる懸念が一番高いのはロシアと旧東欧諸国、特に、ポーランドやハンガリーではないでしょうか。

第2章では、世界中のダークサイドが、何を起こしているかを見ていきましょう。

第2章

世界を覆うダークサイド

ナショナリズムが煽《あお》られ、排外主義が跋扈《ばっこ》する傾向は欧州においても顕著だ。欧州が抱えるダークサイドは、強烈な民族主義として現れている。

欧州の強烈な民族主義

――第1章では、アメリカにおけるダークサイドが、「トランプ現象」をもたらしてきたことを確認しました。また、その背景には、アメリカの保守が分裂し、その受け皿がないまま、白人男性を中心として不満層が根強くあることも見てきました。

トランプ現象は、米大統領選に際して現れたアメリカのダークサイドですが、同じように、世界に共通した現象が見られます。

ヨーロッパのダークサイドとは何か。

一例が、**イギリスのEU離脱**です。これはヨーロッパ全体の歴史を考えた時に、一つの節目となるような出来事です。と同時に、世界に冠たる連合王国が、黄昏《たそがれ》

★イギリスのEU離脱問題＝キャメロン英首相は2013年に「EU離脱の是非を問う国民投票を行う」と公約。16年6月に実施された国民投票で離脱支持派が勝利した。

を迎えていることの一つの徴候《サイン》かもしれません。

皮肉なことに、ＥＵを離脱するイギリス自身も、スコットランド独立問題を抱えています。


フランスは２０１５年１月のシャルリー・エブド襲撃事件をはじめ、度重なるテロにみまわれましたが、あの一連のテロはなぜ起きたのでしょうか。

ヨーロッパという地域は、自由と民主主義に満ちあふれ、フランス革

図４　イギリスを構成する４つの地域

★スコットランド＝英国を構成する4地域の一つで、面積は英国全体の約30%を占め、人口は8%強の約500万人。1707年にイングランドに併合されるまで独立した王国だった。

命が求めたような、平等と博愛の精神に満ちた清く正しく美しい社会、では必ずしもないからです。

なぜヨーロッパに小国がたくさん残っているのかを考えればそれは分かります。民族には、それぞれの個性や自我が強烈にあって、特定の一つの覇権国家をヨーロッパにつくりたくても、**民族のアイデンティティーがあまりにも強い**ために、つくることができなかったのでしょう。

そもそも、ヨーロッパの統一は、ナポレオン時代のフランスがやろうとしてできなかったし、ドイツは2回トライしたけど、これもできなかった。もちろん、ロシアにも不可能でした。

なぜかヨーロッパの各民族は、文化が一つひとつ強力で、容易に融合されることがない。だからこそ、今も独立国として生き残っているわけです。

ヨーロッパ地域は、キリスト教の影響を等しく受けながら、人々は同じような言葉を話していました。使う語彙《ごい》までよく似ているのに、彼らが一つの国としてまとまることがなかったのは、各民族ともあまりに自意識過剰だからです。


――なるほど、アイデンティティーが強いから、まとまりきれないのですね。


それは中国とヨーロッパを比較すればよく分かります。

中国は何度も国を統一しています。まず秦の時代に大帝国ができました。それから、漢の時代にも大帝国ができました。唐の時代もそうでした。

そして、いろいろあって現在に至っているわけですが、その間、中国が分裂していた時代もあれば、大帝国ができるまでの過程として、ばらばらだった時代もあったわけです。

言葉はヨーロッパほど異なるかどうかの比較論については議論の余地もありますが、例えば、中国語において、四川語と北京語の違いは相当なものです。もしかしたらスペイン語とドイツ語ぐらい違うかもしれません。

それでもなぜ中国は統一できたかといえば、もちろん、強い武力があったからかもしれませんが、私は個々の地域のアイデンティティーがヨーロッパほど強くなかったからだと思っています。

だから、欧州とは異なり、結局中国では標準語化が進み、中央政府が圧倒的に強くなって、統一が進んできたわけです。

それに比べれば、EUは頑張っているのでしょうが、ヨーロッパにおいて、中国のように大陸全体を統一してしまう強大な勢力はついに一度も生まれなかった。
中国については、「地政学」という観点から、第5章で再度扱います。

欧州が抱えるダークサイド

——ヨーロッパでは2015年以降、フランスやベルギーがテロにみまわれました。

先ほどヨーロッパの個々の民族は非常に強いと言いましたが、逆からみると、各民族とも他民族に対する差別意識が強いということです。**他の民族の文化を、実は心の底では決して受け入れていない。**それが、一つ間違えると醜い民族主義、排外主義になっていくわけです。

昔ヨーロッパで反ユダヤ主義、あるいはロマの人たちに対する差別としてあったものが、今は**ムスリム（イスラム教徒）に向かっている**のです。欧州の一部の国は、以前、中東地域を植民地化し、第2次大戦後はそれらの地域から移民を受け入れました。ヨーロッパは今その「歴史的ツケ」を払っているのです。

――移民・難民の問題ですね。

ヨーロッパ各国の指導者は、こうした差別意識や排外主義がいかに醜いものであるかを、過去の歴史の中で散々向き合ってきましたから、その意味を正確に理解しています。だからこそ、EUという形での政治統合を遅まきながら目指しているのでしょう。

その夢を「戦い」ではなく「話し合い」で実現しようとすれば、どうしても各国の主権に立ち入る必要があるでしょうが、それにはおのずから限界があります。

★ロマ＝欧州などで主に移動生活を送る少数民族。かつて「ジプシー」と呼ばれたが、現在は蔑称として使用が避けられている。第2次大戦中はユダヤ人と共にナチス・ドイツの迫害対象となった。

例えば、ユーロという通貨は一つにするけども、その財政は統一されない。ヨーロッパはそうした不十分な統合しかできない。要するに、**個々の民族主義の前にはあまりに脆弱《ぜいじゃく》なシステムというのが、EUの実態**なのです。

たしかに、冷戦中は各国みんな協力したわけです。なぜなら、ソ連に侵略されたら元も子もないわけですから。

その後、ソ連は崩壊しロシアに戻りました。ヨーロッパはつい最近まで、何とか、ロシアをだましだまし食い止めることができるとも考えていました。冷戦の時代には実際に食い止めてきたのですから。だけど、**ロシアはやっぱり獰猛《どうもう》な態だった**のです。

ヨーロッパは冷戦後の欧州秩序を維持しようとNATOを拡大し、EUも拡大し、そしてユーロも導入してきました。こうして何とかロシアの熊が本格的に冬眠から覚めるのを回避しようとした。

「クリミア併合」で潮目が変わった

――それがなぜダメになったのですか。

クリミアです。

こうしたヨーロッパの努力が全て水泡に帰したのが**2014年のクリミア併合**でした。これが意味するのは、冷戦が終わってほぼ25年でヨーロッパの「ポスト冷戦時代」が終わったということです。

ヨーロッパにとっての「ポスト冷戦時代」とは、冷戦後、「ロシアの熊」を封

★クリミア併合＝2014年2月下旬、ウクライナ南部クリミアにロシアが軍事介入。3月16日に住民投票を強行してロシア系住民の賛成多数を得て、18日にプーチン大統領が編入条約に調印した。

じ込めるために努力に努力を重ねてきた時期でした。その手段が先ほど触れた通り、EUとNATOの拡大、ユーロの導入でした。ところが、クリミア併合で、そうした努力がすべて跡形もなく消え去りました。

さて、ヨーロッパはどうするのか。

EUで結束していたつもりだったが、結局はロシアにやられてしまった。むしろ、自分たちに火が付いている。ユーロも必ずしもうまく機能していない。それどころか、**各国は利己主義的になり、言いたいことを勝手に言い合うようになっている**。ギリシャは経済的に実質破綻しているし、ラテン系の連中は傍観しているし、ドイツは独り勝ちだけど、軍事費はあまり負担していない。

そうなれば各国に不公平感が出てきて、徐々に昔の、EUができる前の「醜いナショナリズム」が跋扈《ばっこ》する欧州の側面が顔を出すようになってきた。

★NATO＝北大西洋条約機構。旧ソ連の脅威に対抗するため、1949年に米国、カナダ、西欧の計12カ国が結成した集団安全保障機構。冷戦終了後、東欧諸国が順次加わった。

そこにとどめを刺すように、テロの嵐が吹き荒れ始めた。労働力不足を「移民」という形、特にムスリムを入れることで乗り切り、うまく立ち回ったはずのヨーロッパに、です。

――やはり移民問題が大きかったのですね。

ヨーロッパは、キリスト教的世界であったところに、イスラムの要素を意図的に入れたわけです。彼らはヨーロッパの夢、すなわち「自由で民主主義で人種差別のない、移動が自由な社会」をつくる努力を続けてきましたが、実際にはヨーロッパ人の差別意識はすごく強くて、理想通りにはいかなかった。

そもそも、ヨーロッパ人同士ですら差別し合うことがあるわけです。ムスリムが差別されないわけがないでしょう。

どんなにきれい事を言っても、ヨーロッパの独善は否定できません。例えばフランスなら、フランス語を話し、フランス人と同じように世俗主義を認めるなら、フランス人として平等に扱うというのですが、**それはムスリムに対して「イスラム教をやめろ」と言うのに等しい**ですから、結局機能しないんです。

――たしかに。

この正反対がイギリスです。「君たちはムスリムのままでいいからね。その代わり、僕たちとは別の所に住んで、そこで自由にやってくださいね」こう言って、居住地域を分けました。

イギリスという国の中で生きていけばよいと言いながら、結局は英国社会、特にエスタブリッシュメントには入れないということです。移民対策については、フランスもイギリスも、どちらも失敗したんですよ。

――過日、ようやくイギリスではムスリムのロンドン市長が生まれましたが。

これは画期的なことです。だけどあくまで例外でしょう。大多数の人はあそこまで行けない。

大衆迎合的ナショナリズムが復活

――ヨーロッパは意図的に移民を受け入れてきたけれども、ここにきて排外主義に陥っている。理想論を掲げて、同化（フランス）、併存（イギリス）などといろいろと試してきたが破綻しているということですね。

これは何を意味するかというと、**ヨーロッパでアメリカとは違った意味でポピュリスティックな、つまり大衆迎合的なナショナリズムが復活しつつある**とい

★2016年5月5日に行われた英国ロンドンの市長選で、労働党から出馬したサディク・カーンがロンドン市長に当選。同氏はパキスタン移民のバス運転手を父に持つイスラム教徒

うことです。

ヨーロッパにおけるナショナリズムとは、つまるところ、EUに対するアンチテーゼです。だからこそ、スコットランドはイギリスから独立すると言いますし、イギリスでも「EU離脱論」が台頭し、実際に国民投票を行って離脱することになった。

一方、フランスでは「ムスリムの移民を追い出せ」という声が上がり、ドイツにはネオナチがある。ハンガリーでもポーランドでも今や右傾化が進み、「シリアの難民は出ていけ」と言っている。

これはもう、**冷戦時代前のヨーロッパに戻った**ということです。個々の民族の強烈なアイデンティティーというか、本性をあらわして、元の形に回帰し始めている。ある意味では、ヨーロッパの冷戦後の国民国家の在り方そのものが問われているわけです。

やはりこれは**ヨーロッパ版の「ダークサイドの覚醒」である**と言わざるを得ない。

――民衆の不満が噴出して、ダークサイドに陥っている。アメリカだけではなくヨーロッパもしかりなのですね。

しかも、これは欧米だけの問題かといえば実はそうではない。

難しいのは**「イスラム国」**をどのように捉えるかです。

私の仮説では、「イスラム国」は形を変えた**アラブ版の「ダークサイドの覚醒」**だと思っています。

――中東（アラブ）ですか。

アラブでは、これまで、あらゆる政体を試してきました。王制、君主制の立憲民主主義、共和制の議会制民主主義など、さまざまな形が模索されてきました。バアス党の革命でアラブ社会主義をやろうとしたこともある。しかし、アラブでは、結局、欧米的な意味での民主主義が定着しなかった。

ということは、**富の再分配がうまく機能していない**ということです。

世界経済の調子が良いときはそれでもよかったけれど、２００８年リーマン・ショックで打撃を受けると、アラブ諸国にも本当に生活ができない人たちが出てきた。

北アフリカの優等生と言われたチュニジアのような国ですら、２０１１年ぐらいになると、民衆の不満が充満し、あれだけ強力な独裁政権に対してすら反旗を翻すようになった。これまでに、たまりにたまったガスが爆発したのです。

——「アラブの春」のきっかけは、2010年12月、チュニジアの野菜売りの青年が焼身自殺した事件でした。それが民衆の怒りに火をつけ、「ジャスミン革命」となり、民主化が進んだと当時は言われましたが、むしろ今は混迷が深まっています。

図5　中東から北アフリカの国々

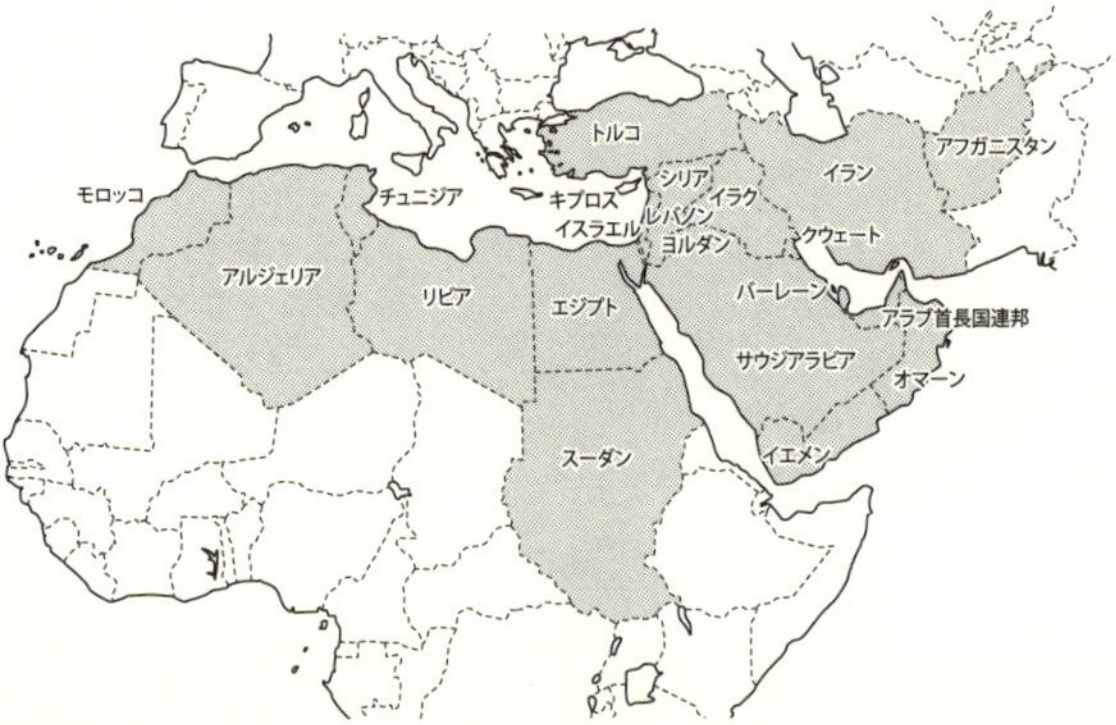

「アラブの春」に入る前に、なぜ「イスラム国」のようなことが起きたかを見てみましょう。

ブッシュ政権は2001年の9・11（米同時多発テロ）後、中東の民主化を働き掛けるようになりました。これを強く進めたのはいわゆる「ネオコン」人脈に連なる人々です。

長年、サウジアラビアは米国の事実上の同盟国でしたが、9・11事件の実行犯の多く、さらにはこの事件を引き起こした**アルカイダのウサマ・ビン・ラディンはサウジアラビア人**でした。サウジの資金が、間接的ながら、アルカイダに流れたことも事実でしょう。

アメリカは、サウジを同盟国と考えていましたが、どうやらサウジは、少なくとも一部が「反米」だったのです。なんでこんなことが起きるのか。ネオコン的回答は、「それはサウジが民主主義国じゃないからだ。だから、サウジも含めて中東諸国は本当の民主主義国家になるべきだ」、となった。

これが「中東を民主化してやろう」という動きの背景です。

これは典型的なネオコンの発想でした。要するに、**「臭いにおいは元から断たなきゃ駄目」**なんだと。

独裁だろうが王制だろうが、サダム・フセインもサウジもみんな駄目。だから、どんどん変えていくべきだ。恐らく、イラクに対する軍事介入の真の動機もこれでしょう。

当時、アメリカ国内の識者の一部には、1991年の湾岸戦争を「クウェートで止めたのは中途半端だった」という意見もありました。

「イラクは結局、体制が悪い。だから、体制を変えるべきだ。同時に、その他

国際テロ組織アルカイダの指導者だったビン・ラディン容疑者。サウジの富豪の家に生まれた。（写真／AFP＝時事）

の中東諸国も状況は同じだから、各国の民主化リーダーたちを支援すべきだ」といった具合で、ブッシュ政権のアメリカは中東諸国に民主化を促していったんです。

でも、**結局そうした米国の努力はみんなに無視されました。**当たり前でしょう。中東の指導者たちは、王様であれ、大統領であれ、民主主義などをやったら自分たちの体制そのものが倒れることを知っていたからです。

ところが、**皮肉なことに、その米国による民主主義の「注射」は、何とリーマン・ショック後に「アラブの春」の促進剤として効いてきました。**全く無駄ではなかったのです。

問題は、各国の民主主義勢力を支援はしたものの、各国民の生活が経済的に痛めつけられたため、漸進的な政治改革のないまま、無秩序の中で不満が爆発してしまった。ガスに火が付いて大爆発を起こしたわけです。

それが**2011年以降の「アラブの春」と呼ばれる現象**です。

そもそもアラブに春はない

――**「アラブの春」、今はあまり聞かなくなった言葉です。**

「アラブの春」って聞くたびに、いつも思っていたんだけど、大体、こんな表現は中東に住んだことがない人の言葉なんです。そもそも、アラブには春らしい春なんてないですよ。

アラブ地域には、夏と冬しかないんです。

「プラハの春」をもじって「アラブの春」と呼んだ欧米人は、やっぱり中東を分かっていないんだなと、つくづく思います。

それはさておき、結局「アラブの春」とは何だったかというと、私はやはりダークサイドの覚醒の一種なのだと思っています、アラブ世界では、社会主義、君主制の違いはあっても、大多数の国で経済格差の拡大が顕在化しました。

そこには基本的人権が尊重されない不平等な社会があって、為政者は統治の正統性を確立できていない。そんなところで、長年たまりにたまってきた不健全な破壊衝動がダークサイドとして爆発したということです。

問題は、そのダークサイドが不満をぶちまけて、体制をぶっ壊した後、何が起きたかなのですが、**残念ながらそこには受け皿がない**。

だからほとんど全ての「アラブの春」は失敗したのです。

直接的には、受け皿をつくれない人たちの問題かもしれませんが、**受け皿がない中で過激主義が浸透していったのは実に悲劇**でした。

サウジアラビアも本来は民主化すればいいのでしょうが、彼らはイスラムだから、絶対に民主化はしない。**イスラムにおいて最善の時代は6世紀から7世紀の預言者ムハンマドの時代とその後の正統カリフの時代**です。そこが一番良いとなってしまう。この21世紀の時代でも、そうなのです。

理不尽に聞こえるかもしれませんが、そう考えれば、彼らは彼らなりにイスラムの宗教改革をやっているんです。

宗教改革をやって、より良い政治改革をしようとしている。イスラムの原点に戻るのがベストだからです。だけど、それは「夢物語」であって、民衆の不満と破壊衝動、すなわちダークサイドを生むような社会の矛盾を必ずしも解決するものではない。

体制が壊れ、受け皿が欠如している中で中東のダークサイドが爆発する。それに対し支配者側は有効な答えがない。議会制民主主義も駄目、社会主義も駄目、君主制も駄目、そうしたら**最後はイスラム主義しかない**、となるわけです。そういう形でイスラム主義が広がっていき、一部が過激化してテロも起こすようになるのです。

結局、**サイクス・ピコ協定**でヨーロッパが線を引いた既存のアラブの国境の一部が、シリアとイラクの破綻国家化に伴い、遂に壊れ始めてきているということでしょう。

本当は「アラブ対ペルシャ（イラン）」

――中東というと、どうしても宗派対立が気になります。ニュースでは「シーア派とスンナ派の対立」による説明をよく聞きます。

中学や高校の世界史の授業で扱うようなことですが、ちょっと昔学んだことを思い出してみてください。

パレスチナからシリア、メソポタミアを結ぶ地域は**「肥沃な三日月地帯」**と呼ばれていて、最も早くから農耕文明が発達した地域でした。

この三日月の北部は山岳地帯、南部は砂漠地帯です。

今の国で言えば、レバノン、パレスチナ、シリア、イラクです。

ここは宗教的に見ると、「スンナ派の大地」に「シーア派のベルト」が交錯するところです。

イスラム教は610年にムハンマドによって始められた宗教で、4代目の指導者（カリフ）以降に分裂しました。

スンナ派というのは、単純化すれば、カリフは話し合いによって決まるべきだと考える人たちの集団で、イスラム教全体の9割を占める主流派です。

シーア派というのは、カリフはムハンマドの子孫であるべきだと考える人たちです。イスラム教全体では1割程度の少数派です。

イラン革命以後、スンナ派が政権を握っている国ではシーア派が国内で政権転覆を図るのではないかと疑心暗鬼になりました。このため、それらの国のシーア

図6　シーア派のベルトと肥沃な三日月地帯

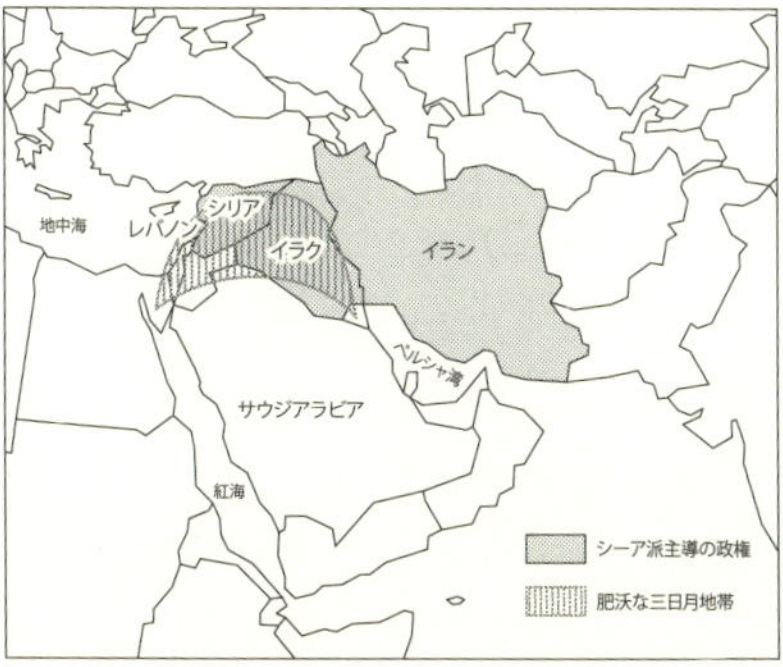

図7　サイクス・ピコ協定

1916年5月、イギリスとフランスは、オスマン帝国の崩壊後に中東地域を分割することを取り決めた密約を交わした。

フランス直接統治
イギリス直接統治
フランス勢力圏
イギリス勢力圏
国際管理地域

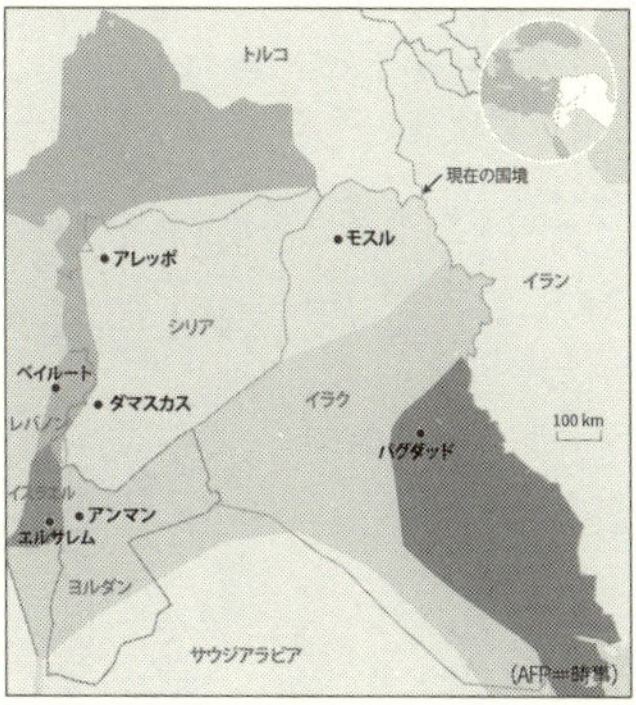

派の指導者たちの一部はイランに逃れ、そこでイランの支援を得て力を付けていきました。

イランというのはペルシャ人を中心とする国で、それ以外の中東地域はアラブ人が多い。もちろん、言葉もそれぞれ異なります。

日本では「宗教対立」という言われ方をするのですが、実は民族的な対立の要素も小さくない。シーア派対スンナ派の戦いも、これは神学上の戦いなどではなくて、もともとはアラブ系とペルシャなどの非アラブ系の領土や利益をめぐる政治的な戦いだったわけです。

そう考えると「イスラム国」をめぐる問題、さらにはサウジとイランのけんか、それからイランがシリアにちょっかいを出すことなど、これらは必ずしも宗教的な違いが原因ではなくて、むしろ**アラブ系対ペルシャ系の民族的対立と考えた方**

がすっきりするんですね。

そうすると、やはりこれもまた、**一種のナショナリズム**と見ることが可能でしょう。

――宗教対立というよりは、民族的対立が根っこにあるということですね。

既に述べた通り、中東地域の政治指導者たちは、議会制民主主義、もしくは西洋型の政治イデオロギーの洗礼を受けていないか、もしくは受けても受容していません。

私は、彼らの宗教対立と呼ばれる利益相反の実態は、それぞれの国家や民族としての利益の対立であって、必ずしも宗教的な相違が原因で生じているのではないと思っています。

大胆に言えば、**今の中東の現状を全体として見れば、オスマン帝国の旧領土が現在も崩壊を続けている**、そうした過程にあるのでは、とすら考えているのです。

言い換えれば、オスマン朝が欧州部分の領土を失った後、その中東部分にヨーロッパ勢力が入ってきて、イラク、シリア、ヨルダンなどヨーロッパ型のネーションステート（国家）をいくつか作って地域の安定を図った。そこまでは良かったのだけれど、その**絶妙の仕掛けが、今やイラクとシリアの破綻国家化によって、再び壊れ始めている**ということです。

その意味では、これまた巨大な地殻変動が中東地域でも起きているのです。
その本質は何かといえば、各国の支配者がその統治の正統性を確立できないまま、アラブ対非アラブ（ペルシャ、トルコ）とアラブ諸国間の競争が再び始まったということです。

アラブが自らを統一できず、それぞれの国家内でも自己統治能力も十分発揮できない中で、旧帝国であるペルシャとトルコが再び台頭してきています。やはり、これは宗教的対立の側面と同時に、民族的競争の側面も無視してはいけないのだと私は思います。

それでは、なぜこのような事態になったのでしょうか。これもまた、やはり**ヨーロッパ諸国の力が相対的に低下したから**だと思います。ヨーロッパに以前のような中東を仕切る力がなくなり、**頼みの綱のアメリカの中東政策も失敗が続いた**結果です。

中国もまた格差社会

――先ほど、ヨーロッパと中国を比べると見えてくるものがあるとご指摘されました。

中国にもまた、ダークサイドはあるのですか。

あると思います。そもそも、中国は恐らく世界で最も経済格差の大きな国ではないでしょうか。この間、中国でそう言ったら、ある中国人の友人が「その通り」と言っていたから間違いないと思うんですけど（笑）。ということは当然、**中国にもダークサイドがあります。**

中国のダークサイドとは、物言わぬ**名もなき庶民の怒りと不信感**であり、彼らの不満の矛先は、中国のエスタブリッシュメントです。より具体的にいえば、それは**共産党幹部の不正・腐敗**だと思います。

共産党員は約８８００万人（２０１５年）いますが、共産党の中のごく一握りである上層部はものすごく腐敗しています。もちろん、ごく普通の真面目な共産党員もたくさんいます。真面目な共産党員の生活は、普通の庶民とそれほど変わらないはずです。ちょっと羽振りがいいくらいで。

ごく普通の共産党員に生活の様子を聞いてみると、彼らが一握りの腐敗した共産党高級幹部に対して怒らない方がおかしいと感じます。ましてや、共産党員ではない大多数の庶民にとって、**「あの共産党中央のブライトサイドは何だ」**ということになる。

経済格差はどんどん広がる。声を上げる自由はない。年金も医療保障も十分ではない。社会環境は悪くなり、どんどん高齢化が進む。一人っ子政策をやめて子どもを増やせと言っても、20年後にしか経済効果は出てこない。その時まで、どうやって俺たちは生きていけばいいんだ。こうなるわけです。

一般庶民の潜在的な怒りや不満のことを考えたら、これはいつダークサイドのガスが噴出してもおかしくない。

習近平「反腐敗運動」はガス抜き

――ダークサイドは、ブライトサイドであるエスタブリッシュメントに逆襲します。

そのことを共産党の人たちはよく分かっています。なぜなら、それを使って党は1940年代に政権を取ったからです。

ですから、自分たちがそうならないように必死でダークサイドを懐柔しようとしているわけです。そこで、**「反腐敗運動」**をやるわけですよ。要するに自分たちからトカゲの尻尾を切ってでも、ダークサイドが出てこないようにする。

これが恐らく習近平総書記の反腐敗運動の本質です。

一方で、中国は13億人の人口がありますから、現在のような社会制度では、恐らく民主主義は実現できないでしょう。やった途端、国が割れてしまう恐れがある。他に方法はない。だから、この強権でいくしかないわけです。

それから、共産党の官僚組織も問題です。

官僚化した共産党の自壊作用が始まっているわけです。だから、何とかメスを入れたい。だけど、強固な官僚組織は既得権を譲りたくありません。

だから、「第2の文化大革命」のような形で反腐敗運動をやっているのだと思います。習近平総書記は岩盤の官僚主義を何とか変えようとしているのでしょう。

しかし、この種の改革は文化大革命のときに試みて大失敗を招いたわけですから、大衆迎合と強権を併用するやり方がこの先もずっとうまくいくとは思えない。

その意味で中国の「反腐敗運動」は、ダークサイドからの反発を恐れる現政権エスタブリッシュメントの一つの解答だと思います。

このような中国共産党の動きは、イギリスのEU離脱（ブレグジット）に至った流れとも、ある意味で共通する要素を含んでいます。

――今後、ダークサイドは世界各地で増大するのでしょうか。

万一、トランプ氏が政治家になることを放棄して、米国のダークサイドの増長を事実上放任、黙認する場合には、米国とそれ以外の国々のさまざまなダークサイドが、ある時は反発し合い、ある時は共鳴し合いながら、全体として拡大していくでしょう。そうならないことを祈るばかりです。

第3章では、ヨーロッパとロシアのダークサイドの諸相を見ていきましょう。

第3章

ブレグジットとロシア熊の覚醒

欧州ダークサイドを抑えていた制度でもあるEU・NATOは冷戦後、眠れる「ロシア熊」を目覚めさせた。

衰退する帝国

――第2章では、世界のダークサイドを見てきました。今回の米大統領選にも似た動きとして、2016年6月にはイギリスのEU離脱（ブレグジット）を決定した国民投票がありました。この投票においてもダークサイドともいうべき「感情」がEU離脱という結果をもたらしました。

私のやり方は常に歴史の視点で見るので、まずイギリスの歴史から考えてみましょう。

イギリスの正式名称は「グレートブリテン及び北アイルランド連合王国」（United Kingdom of Great Britain and Northern Ireland）です。「イングランド」「スコットランド」「ウェールズ」アイルランド島の「北アイルランド」の4地域から構成されている国です。

このうち、スコットランドは、2014年9月にイギリスから独立をするかどうかを決める住民投票が行われて、辛くも否決されました。

簡単におさらいしますと、1066年にフランスのノルマンディー公ウィリアムがイングランドを征服してノルマン朝が成立。13世紀にウェールズを併合して、イングランドが強くなっていきます。

15〜16世紀にかけて、ヨーロッパの諸国がインド航路の航海やアメリカ大陸へ到達（発見）した**「大航海時代」**が始まりました。イギリスもまた、国内の体制を固めて力をつけていき、結束した内部の力が、外へ向かっていった。海洋王国として世界に乗り出していき、世界中で植民地を獲得していったわけです。

そして、1707年、スコットランド王国を合併し、グレートブリテン連合王国になる。ハノーバー朝ができて議院内閣制成立。その後、18世紀に産業革命が起こった。
1922年にアイルランドの6分の5の地域が、イギリスのロイド＝ジョージ内閣に認められて連邦を構成する自治国となり、イギリスから出ていきます。しかしプロテスタントの多い北アイルランドはイギリスに残りました。その頃が**「大英帝国」にとっての絶頂期**です。

ちなみに、日本語でなぜ英国を「イギリス」と言うかといえば、ポルトガル語から来ているようです。ポルトガル語で英国のことを「イングレス」と発音します。そのイングレスがエゲレスになり、漢字を当てて、日本では「英国」になった。ちなみに彼ら自身は、ブリテン（Britain：英国本国の主要部をなす島）よりも、ユナイテッドキングダム（United Kingdom：連合王国）を使う方が多いです。より無難だからでしょう。

――たしかに、考えてみれば「イギリス」って英国のことを呼ぶのは日本だけです。

まあ、中国語でも英国のことは「イングオ（Yīngguó）」と言いまして、イングオの「イン」は漢字の「英」です。

ということは、英国がアジアに進出してきた17世紀において、中国を含めて、アジアの多くの国では「連合王国（ユナイテッドキングダム）」とは認識していなかったということですね。「イングランド」が来たと思っていた。

そうだとすれば、今起きている「ブレグジット」（Brexit）とは、歴史の大きな流れで見て、イングランドが周辺地域を統合し連合王国になって世界に君臨したが、その後、弱体化するとまたイングランドに戻っていくのかもしれない。今はその過程が始まったのかもしれないという整理も可能です。

また、1922年にアイルランドが自治国になり、そこから100年弱経過して**2014年にスコットランド独立の機運が表面化**した。そうだとすれば、イギリスの衰退は、実はすでに1922年から始まっていたとも言えるでしょう。

その頃は第1次世界大戦が終わった後の時期に当たります。ということは、**「連合王国（ユナイテッドキングダム）」のピークは第1次世界大戦で終わった**ということですね。

その後、イギリスは分裂し、アメリカが台頭してきました。さらに、第2次世界大戦でイギリスは完全に疲弊し、それまで海外に駐留していた軍をひきあげ、1971年までにマレーシア、シンガポールから撤兵、**スエズ以東からも軍を撤退**させました。

スエズ以東とは、要するに、（ペルシャ）湾岸地域から撤退したということです。この結果、1971年にはアラビア半島東岸にアラブ首長国連邦などの王国・首長国が誕生しました。さらに、1984年にイギリスは「英中共同声明」

を発表して香港を手離すことを決め、1997年に香港は中国の特別行政区となる。こうして、「ユナイテッドキングダム」はもう黄昏《たそがれ》に入ったわけです。

連合王国の「最終章」

――でも、イギリスはどうして、そもそもEUに加盟したのでしょうか。

1960年初頭まで、イギリスは「英国病」と言われるほど経済が疲弊していました。経済的思惑から1961年にイギリスはEUに加盟申請します。その後、フランスに2度加盟を拒否されるなど紆余《うよ》曲折がありましたが、1973年に正式加盟しました。しかし、これは伝統的なイギリスの外交政策からすれば、そもそもあり得ない選択肢だったんです。

だって、ある意味で**「ヨーロッパ大陸に屈する」**ことになるわけですから。

だからイギリスは、EUに加盟してからも、政治的、経済的に統合されることに一定の距離を置いてきました。入国審査なしに域内を移動することができる**「シェンゲン協定」**や、単一通貨ユーロには参加しなかったのです。

そうした発想は、「イギリスのトランプ」とも呼ばれている、ボリス・ジョンソン英外相の「EUをヒトラーやナポレオンに例える発言」にも端的に表れています。

2016年7月、イギリスの新しい首相に就任したテリーザ・メイは、ボリス・ジョンソン前ロンドン市長を外相に就任させました。彼はEU離脱派の中心人物で、一時は、次期首相とも言われた男です。

彼は数々の暴言や攻撃的な発言を行い、まるでトランプ氏のようなところがあります。EUを批判する際に、ヒトラーやナポレオンを引き合いに出して超国家

英国のボリス・ジョンソン外相（写真／EPA＝時事）

的権力を批判し、世界中からひんしゅくを買っていました。しかし、そのジョンソン外相の発想は極めてイギリス的だと思うんです。反発しながらも、EUに入らざるを得ない今のイギリス国民の閉塞感が、ブレグジットにつながっていったのでしょう。

――連合王国の凋落が、ダークサイドを噴出させ、それがブレグジットを引き起こしたと。

それまでのイギリスは誇り高く、自分たちを「ヨーロッパを超えた存在」だと考えていました。しかし、次第にヨーロッパの一員とならざるを得ないほどに国力が衰え、その結果、連合王国を統一してきた求心力が失われていったわけですね。

だから今は、イギリスにとって「連合王国興亡」の最終章とも言えないことはない。

こうなってしまったのはなぜか。

私は、今回のイギリスのEU離脱については、安易に国民投票に持ち込んでしまったデイビッド・キャメロン前首相が「戦犯」だと思っているんですが、しかし一方で、キャメロンもまた何かもっと大きな流れの「結果」なのかもしれない、とも思うんです。

つまり、国内で求心力が失われていくにつれ、イングランド、ウェールズ、スコットランドと北アイルランドからなる連合王国において、イングランド、とりわけロンドンを中心とした、多数決主義を採る民主主義「ウェストミンスター体制」が機能しなくなった。**たまたま、そこにキャメロンという良家のお坊っちゃん政治家が巡り合わせた、**ということにすぎないのかもしれない。

キャメロンが力不足だったからイギリスがこうなってしまったというよりは、

イギリスが壊れていく過程でキャメロンみたいな政治家が出てきた。その結果、イギリスが本当に壊れ始めかねない状況に陥ったと見るのが妥当なのかもしれません。

――イギリスから見るとそうなると。

そう。でも、ＥＵの方から考えると、話は大きく変わります。

第1次世界大戦までは、国際政治のメジャープレーヤーはイギリスのほかは、フランス、そのちょっと前はスペイン、ポルトガル、それから、新興のドイツとロシアでした。これが19世紀まで。20世紀になるとロシアがさらに台頭し、アメリカも台頭してくる。ロシアで１９１７年に革命が起きて世界史上初の社会主義国ソ連（ソビエト社会主義共和国連邦）が登場する。ここから**米ソの対立**が始まります。

1945年の段階までにヨーロッパ大陸の大半が戦場になり、人々は疲弊し、国が弱体化しました。彼らは、何とか戦後復興したいけれども、大陸全体が「米ソのはざま」という厳しい条件下に置かれたため、ヨーロッパには昔日のような発言力がないわけです。

このような事態を打開するため、ヨーロッパ大陸では独仏の歴史的和解を経て、1952年に欧州石炭・鉄鋼共同体（European Coal and Steel Community〔ECSC〕）を発足させ、1958年には欧州経済共同体（European Economic Community〔EEC〕）と欧州原子力共同体（European Atomic Community〔Euratom〕）が誕生しました。

これらが**EC（欧州共同体）**の始まりです。欧州大陸のエリートたちは、こうした共同体をつくり、最終的には政治統合まで進むという夢を語り始めた。それがある程度成功し、第三極として米ソのはざまの勢力として大きな力を持ち始めたからこそ、イギリスもＥＵに参加せざるを得なくなったのでしょう。

ソ連崩壊からＥＵ・ＮＡＴＯの拡大へ

ところが、イギリス加盟を経て、ＥＵがさらに拡大した後、その流れがあるところで反転しはじめました。それが**１９９１年のソ連崩壊**です。

ある意味でソ連崩壊は、ＥＵにとって理想的な状況でした。しかし、ヨーロッパの人たちはソ連が崩壊して生まれた新しいロシアを最終的に信じていなかったと思うんです。もしくは、新生ロシアを冷戦の敗者と見たのかもしれません。ロシアの力を過小評価したのか過大評価したのかは分かりませんが、欧州のエリートはさらにＥＵを拡大し、ＮＡＴＯも拡大した。ＥＵとＮＡＴＯは表裏一体ですが、ＮＡＴＯの方がはるかに結束が強い。後者は軍事同盟で、関係者は命を懸けているからです。

——EUとNATOの拡大はロシアにとって脅威だったのでしょうか。

EUをバルト海三国から旧ソ連の衛星国にまで広げたことについては二つの側面があると思います。

まず第一に、それでロシアをある意味で封じ込めるとは言わないけれども、**ロシアとヨーロッパとの間に新しい境界を引くことができた。**

だけど、第二に、これにはロシアに間違ったメッセージを送ってしまったかもしれないという反省があります。

ロシアからすれば、自分たちは共産主義をやめて民主主義になり、ヨーロッパと共存しようとしたのに、結局、「自由だ、民主主義だ」と言いながら、ロシアを冷戦の敗者として扱った。その後はヨーロッパとアメリカの資本がどんどん入ってきて、ロシアの資源を収奪していった。いかにもロシアらしい「被害妄想」に基づく歴史観だと思うのですが、それがロシア人の間で信じられていったんです。
ところが、このEU拡大がウクライナに及んだとき、ロシアはついに「キレた」ということですよね。これが2014年のクリミア併合の原因だったと思うのです。
その前からEU、NATOの拡大は、ロシアにとっては安全保障上、やはり耐えられないものであった。恐らくロシア人たちは、自分たちはヨーロッパの一部として受け入れてもらえないと悟ったんだと思うんです。

——ロシアはヨーロッパとは異質であると。

まださすがに「ロシア帝国」とは呼ばないけど、やはりロシア人の頭の中には

「母なるロシアの勢力圏」みたいな発想があるのではないか。スラブ系の東ヨーロッパには今もロシア人が多く住む飛び地のような場所がたくさんある。これらを回復する方向でナショナリズムが高まっていき、それにプーチンが乗った、ということですよね。

こうした流れは、例えば**ジョージア（旧グルジア）の南オセチア事件**とか（2008年のロシアによる軍事介入）、あのあたりでもう始まっていたかもしれません。あの時にロシアの熊が冬眠から覚めたというか、**ロシアのダークサイドが覚醒した**ということですね。

その意味では南オセチアはクリミア併合の「前史」といってよいかもしれません。

このジョージアでの事件はあまり大きなインパクトを持ちませんでした。相変わらず、ヨーロッパ方面ではEUを拡大する動きが進んでいました。「行け行けドンドン」ではありませんが、そのときにヨーロッパはロシアが逆襲する恐れなど感じていなかったか、もしくはその時はまだ2008年のリーマン・ショックの前でしたから、EUにも勢いがあったのでしょう。その結果、NATOも拡大しようとする。ユーロもどんどん拡大していく。

通貨「ユーロ」の矛盾

でも、ユーロ圏の拡大にはそもそも無理があった。私は国際金融や通貨の専門家ではないので、ここではざっくりとした話になることをお許しください。

EUでは、政治的な主権は各国のものです。当然、財政主権についても各国が持っている。でも、金融だけは主権を持たせないという形で、一部加盟国がユーロの導入を始めた。

それが何を意味するかと言えば、例えば、日本の東京都と、それから地方の財政規模が大きくない県が同じ通貨を利用するグループのメンバーになったということと同じですから、そうなれば東京が独り勝ちするに決まっているんですよ。生産性が高いわけだから。

地方の県で過疎を抱えていたり、生産性が低い、所得も低い、失業率も高いということになれば、生産性が高い東京と対等にやっていくことは難しいでしょう。

図8　ジョージアの位置

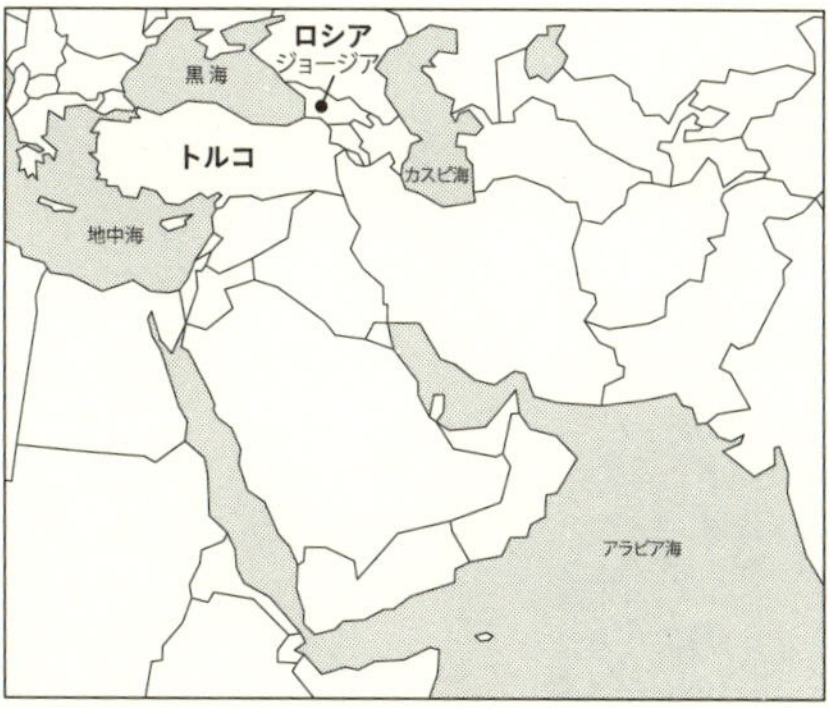

★ロシアのグルジア(現ジョージア)軍事介入＝2008年8月7日、南オセチアでグルジア軍と南オセチア軍が軍事衝突。翌8日にロシアが軍事介入した。

こうした格差に対し、**日本国内では「地方交付税交付金」を活用してバランスを取る**わけです。東京都からお金を強制的に吸い上げて、それを地方の道府県に渡している。それができるのはなぜかといえば、当然のことですが、財政主権も通貨主権も都道府県には決して認めていないからです。しかし、**EU内のユーロは違う**。

――ユーロは格差是正に対する強制力が弱いということですか。

EUでは、財政主権は認めているわけですから、他の国を助けるための補助金を出す義務は本来ないわけです。だから、結果的に、**ユーロ圏内ではドイツの独り勝ちになる**。

本来のEUの理念から考えれば、政治統合を進めていくのであれば、独り勝ちのドイツからドイツ以外のユーロ加盟国に対して、例えば、経済的に疲弊しているギリシャに対して、補助金的支援を出す必要があるはずです。

ところが、ドイツ人はそうは考えない。ユーロという通貨システムによって、ドイツは座布団5枚ぐらいの上に乗っかって経済を運営していると思うのですが、彼らはそうは考えず、市場原理の下で平等に戦って、ドイツ人の努力で現在の地位を勝ち取ったんだと信じていると思います。

その要素はもちろんある。生産性が高いから、それはその通りなんだけど、経済格差は恐らく実態以上に広がったと思います。ドイツ人にはそこが分からない。だから、**「財政健全化をとにかくやれ」とギリシャに言う**わけです。でも、それは制度上かなり無理な注文なのです。

ギリシャも、EUやユーロのシステムを壊すことはできないから、ドイツの言うことをある程度、聞かざるを得ない。だけど、今やEUからイギリスが抜ける事態となってしまった以上、ＥＵの根本的な矛盾が今後、さらに露呈するはずです。

イギリスが抜けることによって、**均衡点、つまり重心がずれていく**わけです。

次の均衡点がどこかはこれから模索するのですが、恐らく10年ぐらいかかるんじゃないかなと思います。次の均衡点は「ＥＵマイナスＵＫ」でしょう。だけど、その均衡点に行く間に、今度は「ＥＵマイナスＵＫマイナスα」になりかねない。英国に次いで離脱する加盟国について最終的な落とし所が見えないことが、新たな均衡点を見つけにくい最大の理由でしょう。

経済的な理由で市場がパニックに陥るのであれば、例えば、不良債権なら、その不良債権の総額が分かれば、「あと何年で償却する」と言えるわけですが、英国のＥＵ離脱国民投票のように政治的な理由で危機が起きている場合は、危機がエンドレスで続く可能性があるわけです。連鎖反応が起こるから。その点では、将来の話ではありますが、リーマン・ショックよりも状況が深刻になり得ると思っています。

以上のように、ヨーロッパについてはまだ遷延状態です。未知の航海、すなわち海図はないのだと思いますが、そもそも私にはそこまで先を読む能力はありません。ＥＵの将来は、少なくともこれから数年間、ＥＵ各国が自国内のダークサイドにどう反応するかにかかっていると思います。

ＥＵの対外関係はどうなるか

ＥＵについて、次に見なくてはいけないのは、**グローバルな対外関係**です。しかし、ＥＵがどんなに政治統合に向けて進展を見せても、残念ながら、ＥＵはもう国際政治のメジャープレーヤーではないと思います。

ワールドメジャーリーグは やっぱり米中露です。このメジャーの下にマイナーリーグがある。ＥＵはマイナーリーグの雄です。ここには日本もインドも入ります。

インドはまだメジャーリーグに入れませんが、中国は入っています。それは中国が軍事力を政治的に使う術を心得ているからです。

さて、以上を前提に、これまで述べてきた**ＥＵの変化が、今後のワールドメジャーリーグの対立や競争にどういった影響を及ぼすか**を考えてみましょう。

メジャーリーグではアメリカの背後にＥＵ、日本とイスラエルを含むアメリカの同盟国がいます。

もし、今後、**ヨーロッパにおけるダークサイドが強まっていけば、ＥＵは弱体化し、最悪の場合、一部のＥＵ諸国が反米になっていく可能性すらあります**。そうなるとロシアが大喜びします。同様に、アメリカと日本の間にくさびが打たれれば、中国も喜ぶわけです。基本的に私はそうしたメカニズムで国際情勢を見ています。

先ほどEUの弱体化に触れましたが、一方、EUはもともとの始まりが自然発生的なものではありません。第2次世界大戦後に「米ソのはざまで生き残る」という強い政治的目的のために、戦略的な意味を持って、人工的につくられた組織です。だから、実はこれ、自然には消えないんです。

自然発祥のものであれば、自然に消えるんだろうけど、EUは違います。EUには、これはもうヨーロッパが生き残るために、どうしてもやらなくてはいけないという強い意思を感じるんです。

ですから、イギリスが出ていっても、大陸の国々はEUを必死で守ります。その意味で私は、簡単にEUが崩壊していくとは思っていない。

ただし、形を変える、もしくは一時撤退をして、次のチャンスを狙うということにはなるかもしれません。ただし、いずれにせよ、これからEUが強くなることはまずない。ということは、現下の情勢はロシアにとって非常に有利になるだろうと思います。

欧州で生まれつつある極右勢力
——国際情勢がロシアや中国に有利に動いているということでしょうか。

イギリスがEUを離脱することが中国にとって絶好のチャンスでは？　と言う人が当時もいたんだけど、「そうなの？」と私は思っています。「中国はイギリスを飲み込むんだ」と言うので、ちょっと待ってくれと思いました。あの「ユナイテッドキングダム」は腐っても鯛ならぬ、欧州の大国です。それを中国が簡単に飲み込めるわけはありません。

そんなことをイギリスが選択したら、欧州大陸全体を敵に回すだけです。中国とEU、どちらがいいですかとなれば、それはイギリスにとってEU加盟国、二十数カ国との伝統的友好関係を維持していった方が良いに決まっているわけです。

中国にとっても、ヨーロッパの分裂が有利とは限りません。**EUが統一し、安定して、アメリカと対立してくれれば、こんなにありがたいことはない**のですから。

その意味で、イギリスがEUを離脱するからといって、中国が直ちに利益を得るということはないと思います。むしろ、悪い方にも働く可能性すらあるでしょう。

EUが今後さらに停滞すれば、世界経済全体が停滞します。世界経済が停滞したら、中国経済の回復も遅れます。その意味で、現状は中国にとって「痛しかゆし」でしょう。ヨーロッパにおける安全保障上の利害が少ない中国にとっては、実はあまり大きな利益も、不利益もない。中国に対するインパクトはロシアへの影響より少ないかもしれません。

——EU内部はどうでしょう。

ヨーロッパは、一つひとつのコミュニティーの、私に言わせれば「部族的」な発想なのかもしれないけど、その同質集団内の結束が非常に強かったと思います。同時に、お互いにライバル意識というか、敵がい心も強い。それが過ぎると、自分たちと同種の者と異種の者に対する区別が強くなって、結局、人種差別主義に行きつくことがある。この点は第2章で触れた通りです。

アメリカのような、ある意味で外国からの移民が一定の理念の下に結集していくという「人工的」な国の場合には、その過程で必然的に生じる人種差別をどう減らしていくかについて制度的に、かつ恒常的に知恵を出し続ける必要があるでしょう。**こうした考え方に反発した動きの一部が今回の「トランプ現象」なのかもしれません。**

もちろん、日本人だって中国人だって、自国民の結束は強いし、他国に対するライバル心だってある。確かにどの国もそうなのですが、欧州の場合は、実はナチス・ドイツのホロコーストだって、その前の東欧のポグロム（ユダヤ人排斥）だって、排外主義の強さには驚かされるものがあります。さらに、ロマやムスリムに対する態度なども含めれば、実は欧州というのは、ものすごく排外主義的な醜い部分を持っているのではないかと言わざるを得ません。

既に述べた通り、ＥＵは、ヨーロッパのエリートたちが、米ソのはざまでヨーロッパを再興するために知恵を出してつくった組織ではあるんです。そうだけども、同時にＥＵは今申し上げたような醜いナショナリズム、それから人種差別、あるいはあらゆる排外的な気持ちを潜在的に持つ庶民の上に載っかっている国々の連合体だということです。

既にヨーロッパでは多くのダークサイドに押し上げられた極右系の政党が生まれつつあります。恐らく、イスラムのテロや中東からの難民流入が止まることもないでしょう。そうであれば、どう考えても、これまでの豊かな、おおらかな、オープンで寛大なヨーロッパという理想には戻れないんじゃないか。良くて現状維持じゃないかと思うんですね。

ＥＵは今まで欧州のエリートたちが１９４５年からずっとつくり上げてきたガラス細工のような歴史的な実験です。今このＥＵに対する反発が各地で高まっています。**ＥＵは転換期にさしかかっている**のでしょう。

――欧州ダークサイドの上に、ＥＵという理念が乗っかっているのですね。

ＥＵを壊すのは各加盟国のダークサイドだけれども、このダークサイドの強さはまだよく分からない。今回のイギリスのＥＵ離脱が「反面教師」となり、逆にＥＵのエリートが結束して、各国で欧州国際主義を守ることができるのか。それとも、イギリスから始まったＥＵ離脱という「伝染病」はゆっくりと、しかし確実にヨーロッパに広まっていくのか。

ＥＵのエリートたちの力をあなどってはいけません。彼らは強い政治的信念を持ってＥＵを作ってきました。この点を過小評価してはいけないと思います。

――国際情勢においてロシア、中国には「勢い」があるように見えます。

ヨーロッパの没落で「漁夫の利」を得るのは、先ほど触れた通り、まずはロシアであり、次が中国でしょう。まさに、私が**「諸帝国の逆襲」**と呼ぶ事態です。特に、ヨーロッパ方面では、この先、米国とロシアの関係がどう動くかが決定的な要素となるでしょう。

ワールドメジャーリーグの米中露

ここはグローバルメジャーリーグでの競争という観点から考えてみましょう。先ほど触れた通り、現在、世界は大国、そして大国に準じる国で構成される、2つの「リーグ」があります。

メジャーリーグがアメリカ、中国、ロシアです。

マイナーリーグは日本、イギリス、EU、インドを中心とする国々ですが、より広く取れば地域大国であるイランに加え、世界各地の米国の同盟国であるトルコ、韓国、オーストラリア、フィリピン、イスラエル、サウジアラビアなども入ってくるかと思います。

メジャーリーグでの「力のシフト」は、必ずマイナーリーグに影響します。メジャーリーグでの競争は常にマイナーリーグとの相関関係で考えなくてはいけません。メジャーリーグの一チームの力が仮に低下したとしても、それが「世界の終わり」ではありません。そのメジャーリーグプレーヤーをマイナーリーグの有志が支援すればいいわけですから。

一方、マイナーリーグのEUは、実はメジャーリーグのロシアとも密接な関係があるわけです。この非常に複雑な相関関係の中で「ゲーム」を見ないといけません。**ただ単に日米関係とか米中関係だけ見ていても駄目**なのです。これが私の国際情勢の見方です。

――今回の大統領選を受けてメジャーリーグの一角、アメリカが揺れています。

トランプ大統領を生み出したアメリカが選挙後も揺れていますね。民主主義という一面において揺らぎやすい非効率なシステムの中では、国内が「足踏み状態」になるのは実はよくあることです。そういうときは、マイナーリーグの国々がメジャーリーグの国を支えていく必要があります。

経済的に自由な体制を採る限り、貧富の格差は必ず出てきます。意図的に「修正資本主義」でも採らない限り、その傾向は縮小できません。

その意味では、今のように経済的に停滞している時のアメリカは自信喪失し、内向きになり、やたらと外国の悪口を言うようになります。今回のトランプ大統領誕生もそのような文脈から理解すべきだと思います。

今の状況だけを見て、アメリカの国力が低下したとは私は全く思っていません。長い目で見て、あと50年、100年先を考えてみても、アメリカのような広大な土地にあれだけの自由が維持されていて、しかもたった3億人しか住んでいないわけです。生産性、技術力、どれ一つ見ても、他に太刀打ちできる国はありません。

ですから、アメリカの実際の国力と、アメリカ人が自分自身で考える国力――それは自信の裏返しですけど――は必ずしも一致しない。

今はどちらかというと実力以下の形でアメリカの影響力が評価されていると考えるべきです。冷戦終了後、米国の国力が低下したのではなく、米国の指導者の「米国の国力を適切に使用する能力」が低下したのです。その典型がオバマ政権の外交政策でしょう。だから、今は、相対的に見て、中国とロシアがやりたい放題やれるという状況です。

――メジャーリーグとマイナーリーグの関係は立体的に動いているイメージですね。

そう、立体的に。しかも2次方程式、3次方程式どころではない。もっと複雑な仕組みです。各国の関係が全てつながっていて、いわば「モビール」のように、ぶら下がって、ひもでつながっているように複雑に動くわけです。

このようなイメージを脳のどこかに持っていないと、グローバルにものを見ることはできないと思います。

例えば、こんな具合です。

まず、ユーラシアという大きな大陸がある。南北アメリカ、アフリカなどは一応置いておきましょう。

ユーラシア大陸のバランス・オブ・パワー（勢力均衡）という観点で言うと、海洋国家日本からすれば、ロシアと中国をどう競わせるかということが肝要となります。両者が結託されては困るし、どちらかが強くなり、手が付けられないくらい強大化してもらっても困る。

現在のように両方とも覇権国家を目指している点は気がかりですが、**今のように、そこそこやっている状態が、バランスが取れていて、最も良いかもしれないんです。**

中国が圧倒的に有利になるとか、もしくは中国が混乱して、逆にロシアが強くなり過ぎるということがないように、メジャーリーグの中で、陸の二大勢力である中国とロシアを均衡させる。その上で、両国周辺の海域での自由航行を、海洋国家連合が共同で引き続き維持する。これが日本の戦略であるべきです。

「諸帝国の逆襲」というのは、まさにメジャーリーグのアメリカ以外の残りの二つの勢力が、力による現状変更を目指して、逆襲を試みている。これが基本的な構図です。

欧州・中東・東南アジア

――2つの帝国以外で見ておくべき地域はどこでしょう？

「域内の均衡」を維持しなくてはいけないない地域が3つあります。1つはヨーロッパ、1つは中東、もう1つが東南アジアです。

大きな国という意味では、インドをどう組み込むかということを考えなくてはいけないんですけれども、インドはそもそも**「ランドパワー」**なのでしょうか、それとも**「シーパワー」**なのでしょうか。インドは「シーパワー」では必ずしもありません。なぜなら、インドは基本的に「亜大陸」だからです。

★ランドパワーとシーパワー＝英国の地理学者マッキンダーが提唱。大陸に基盤を持ち軍事力を保持する国（ランドパワー）と、海洋を利用し海軍力が重要な国（シーパワー）を分けた。

中国とロシアの権益は中央アジアでぶつかっています。その中央アジアには世俗主義からイスラム化へ進みかねないという問題がありますが、これは基本的に中東地域のイスラム問題との関連の方が強いでしょう。

これに対し、インド亜大陸のランドパワーとしての方向性としては、東西に向かうことはあっても、北方中国とのヒマラヤ国境を越えてチベットに入っていくような状況ではない。

その意味では、ユーラシア大陸での力の均衡を考える際、インドがメジャープレーヤーになり得るかどうかは未知数だと思います。

あとは東南アジアですが、ここで問題になるのは基本的に海域が多い。だから、**ここには日本が果たすべき重要な役割がある**と思います。日本は、欧州には入っていけないし、中東に関与することにも限界があるからです。

――東南アジアではなくて、北東アジアの北朝鮮はどうですか。

北朝鮮は決してエンパイア（帝国）ではないけれど、ある意味では、既に、**国自体がダークサイド**になっています。他方、朝鮮半島問題を地域的なバランス・オブ・パワーの見地から考えると、実は今もそれなりにバランスが維持されているわけです。

北朝鮮で最も大きな問題は、戦争が起こるかどうかというよりも、核兵器の拡散の可能性でしょう。本書のテーマでいえば、ダークサイドが世界中を覆い、その一部から「諸帝国の逆襲」がある。**最後が核の「見えざる脅威」ですが**、北朝鮮については、核拡散問題が恐らく中長期的には最も大きな意味があると思います。

北朝鮮が自暴自棄になって韓国を攻めるとはとても思えません。逆に、韓国が北朝鮮を攻めていくかといえば、そんな元気もないでしょう。朝鮮半島は動かないんです。中国も朝鮮半島を動かすつもりはないでしょう。米軍が駐留する韓国との緩衝国である北朝鮮をつぶす気などないからです。

そうであれば、「発火点」という観点では、北朝鮮はあまり大きな要素ではないと私は思っているんです。むしろ、地下水脈のような形で、将来、北朝鮮の核が他の国やテロ組織などに流れていくことの方が怖い。**特に、イランとの関係が気になります**ね。

われわれはどうしても朝鮮半島を大きく見てしまう傾向がありますが、現実には、今すぐに軍事バランスが変わってしまいそうな感じはしません。

朝鮮半島問題は、中国から見れば、台湾、チベット、ウイグルと同様、自国の周辺地域の安定をどう確保するかという安全保障問題でもあるのです。中国には東北三省を中心に数百万人の朝鮮族が生活しているのですから。

――北朝鮮と意外と上手に付き合っているモンゴルはどうでしょうか。北のロシアと南の中国に挟まれていますが、その位置ゆえか、意外と「外交強国」という感じもします。

モンゴルは、かわいそうなことに人口の規模が圧倒的に小さいんですよね。ですから、中国と正面からけんかをしても、やられてしまう。だからモンゴルは、中国の圧力を感じる時は、ロシアをうまく使い、ロシアの圧力が感じられたら、中国をうまく使ってきた。

その意味では、地域のバッファー（緩衝）ではあるけれども、モンゴル自身が地域の主要プレーヤーにはなり切れない。しかも、中国には内モンゴルがあり、同じモンゴル系でも、文化的には外モンゴルとは違う国になりつつある。

ユーラシア内陸部で重要な地域という点で見るならば、モンゴルよりも、**中央アジアに注目すべき**です。

中央アジアには、将来イスラムの「テロリストの巣」ができる可能性があります。中国のイスラム理解とイスラム社会への対処の仕方は、非常に稚拙です。「酒も豚肉も女もない」禁欲的なイスラムが、「酒と豚肉と女のある」享楽的な中国とうまくやれるわけがない。

――環境が違い過ぎる。

違い過ぎる。ウイグルへ行けば、それがうまくいっていない理由がよく分かります。モンゴルは、引き続き中ロ間のバッファーであり続ける限り、むしろ安定するかもしれない。しかし、中央アジアの方は、これから政権交代、世代交代もしくは「イスラム化」の動きが出てきたときに、それが中国とロシアの国内にどういう影響を及ぼすのか、これは予断を許しません。

中央アジアはユーラシア大陸中心部にある東西南北の「接点」です。将来の危険性という観点から言えば、中央アジアの方がもっと怖い。なぜかといえば、イスラムが政治化する可能性があるからです。
第4章ではさらにそうした国際情勢を見る視点について考えていきましょう。

第4章

ダークサイド「諸帝国の逆襲」

ロシアのクリミア併合、中国の南シナ海における人工島建設は「諸帝国の逆襲」だ。帝国主義が形を変えて今復活しつつある。

日本にもあるダークサイド

――世界中で見られるダークサイド。日本にもあるのですか。

あります。むしろ、**日本にもダークサイドがある**ということを前提にして、そのことを冷静に自覚しなければいけません。

ただし、日本のダークサイドは、各国のダークサイドに比べれば、はるかに穏当だと思います。

なぜかというと、日本は冷戦時代に修正資本主義を採り、富の再分配を実行したので、国民の9割以上が自分たちを「中流」だと感じているからです。それだけ日本では、富の再分配が成功したということです。

もう一つ、日本社会が諸外国と比べ、とても安定している理由があります。それはとりもなおさず、安倍晋三政権を中心とする保守陣営が、「保守派の中での極端な動き」を上手に緩和・制御しているからです。

2015年の70年談話しかり、**日韓合意**しかり、です。もともとは「強硬保守」であった安倍政権は、2015年という歴史の節目の年に、極めてプラグマティックで現実主義的な政策を実行してきました。その結果、それまで時として分断されてきた日本の世論に、歴史問題等に関する最小限のコンセンサスが生まれつつあります。言い換えれば、**G7諸国の中で日本は、ダークサイドを適切に制御できる数少ない国の一つ**なのです。

――安倍政権が「強硬な動き」を抑えている。

★戦後70年談話＝安倍晋三首相が2015年夏に発表した談話。(1)先の大戦への反省、(2)戦後日本の平和国家としての歩み、(3)今後の世界平和への貢献等を盛り込み、「未来志向」の内容とした。

しかしそれでも日本のダークサイドは、何らかの刺激を受けることによって、今後、「よりダーク」になる可能性はある。例えば、中国との関係です。

中国は十分理解していないかもしれませんが、今後尖閣問題もしくは歴史問題で中国が日本を叩けば叩くほど、日本国内のダークサイドが拡大し、非妥協的になる可能性は否定できません。

日本は中国とロシアという二つの「帝国」の両方と対峙《たいじ》していかなくてはならない時代に入ってきています。

ヨーロッパは東方のロシアだけ見ていれば良い。しかし、北東アジアでロシアと中国を隣国とする日本は、その両方を見なくてはいけない。負担が非常に大きいのです。

★日韓合意＝2015年12月28日、日韓両国間の大きな懸案となってきた、いわゆる従軍慰安婦問題をめぐる両政府の協議が合意に達した。

日本のダークサイドをどう制御するか

この先、民進党が日本のダークサイドを大衆迎合的に刺激して政権を奪還することも理論的可能性としてはあり得るでしょう。しかし、２００９年から３年間の民主党政権があれだけの失敗をしたという負の記憶が国民に残っている中で、民進党など野党による政権再奪取は当面難しいでしょう。

日本の保守層にあるダークサイドを下手に刺激すれば、それはむしろ民進党にとって自殺行為です。イデオロギーがまったく違うわけですから、きちんと御することは難しい。

その意味では、日本の政治が安定するかどうかは、**時の政権が国内のダークサイド的要素をうまくコントロールできるかどうか**にかかっています。今後日本の政権に問われるのはこうした能力だと思います。

今後日本は、対外的には、中国やロシアのような民族主義的、帝国主義的活動をうまく抑止し、現状を維持して海洋の秩序を守る。これこそが日本が真剣に取り組まなくてはならないことです。

それには日米同盟の堅持が最も効果的です。**これはトランプ大統領が就任して、日本が最初に直面する課題**です。

日米同盟が直面する課題

――日本の政権の課題は何ですか。

今後、トランプ大統領によって、米国が内向きになればなるほど、日本は特に安全保障上の「役割分担」をさらに求められます。

そして、それは日本だけではなくて、韓国も、ヨーロッパも、中東におけるアメリカの同盟国全てが直面する共通の問題です。

その中でも、最大の問題はいわゆる**「バードン・シェアリング（負担の分かち合い）」**の在り方です。

――トランプ大統領は、「日本に駐留している米軍の経費を負担しろ」と今後おそらく言いますね。

これについては、日本はもうアメリカの駐留軍経費を75％近く負担しています。

それ以上負担すれば、在日米軍兵士などの人件費を含むことになり、在日米軍は

★バードン・シェアリング＝安全保障等のコストについて、関係国が応分の役割や負担を引き受けること。

日本が給与を支払う「傭兵」となり果てるでしょう。それよりも今後は、日本が防衛費をどこまで上げることができるかが課題になります。

日本の防衛費は現在、GDP比1％以下です。ちなみにNATO諸国の負担義務はGDP比2％となっています。日本の防衛費は欧州に比べてもはるかに少ないのです。

つまり、**欧州と比較された時に、「半分しか払っていないじゃないか」と言われたら痛いところを突かれることになります**。しかし、だからといって、現在5兆円の防衛費を倍増して、32兆円しかない社会保障費などを27兆円まで減額できるでしょうか。

――無理ですね…。

しかし、トランプ大統領就任でアメリカが「内向き」になるとすれば、中国はより自己主張を強める可能性がある。南シナ海で人工島を建設したように、「既成事実」を積み重ね現状を変えようとしているから。

日本がアメリカと同盟関係を維持しながら中国の力による現状変更を食い止めるには、恐らく日本の防衛費を増やさなければいけなくなるでしょう。**防衛費増額についてどこまで国民的コンセンサスを得られるか**。これは今後の日米関係が直面する最大の課題になると思います。それが非常に心配です。

そこで、日本までが「内向き」になってしまったら、これは中国の思う壺《つぼ》です。

——歴史を振り返れば、米国が「内向き」（孤立主義）になった時代がありました。それはどのような時代だったのでしょうか。また、今回の「内向き」との違いは何でしょうか。

米国の孤立主義を過小評価してはなりません。アメリカ合衆国の正式な歴史はわずか250年ほどしかなく、そのうち、**1945年以降の70年間だけが、いわゆる国際関与を志向する時代だった**のですから。

第2次世界大戦前の米国の孤立主義・不介入主義は、日本が真珠湾攻撃を行うまで続きました。今回のトランプ現象がどの程度、孤立主義的、内向きになるかは、トランプ氏次第の部分もあるでしょうが、決して過小評価してはならないと思います。

日本は世界の主要国と共に、自由で民主主義の国として生き残っていかなくてはいけないし、繁栄を続けなくてはいけない。

その時に、世界に背を向けていいのか。だからこそ、国内のダークサイドをうまく制御し続けることが内政的には必要になってくるわけです。

一方で、米国等との関係、中国、ロシアからの圧力の中で国内政治のバランスを取り、現実に即した政策を続けて、最小のコストで最大のゲイン、すなわち民族の生き残りを図る。これが2017年以降問われていきます——これは正直言って、非常に難しいと思う。

安倍政権後の姿が、なかなか見えてきませんね。安倍政権は、外交においても戦略観を持っていると思いますが、日本は、世界の中で生きていくしかない国ですから、こうした正しい戦略観は必須です。

大きな領土があって、外国が何を言おうが孤立主義を貫いて、わが道を行ける国ならともかく、資源もなく、小さくて海に囲まれている国なのですから、貿易で生きていくしかありません。

だから、日本は国際的な関与なしに生き延びていけるはずはない。

当然、政権には国際感覚もないといけない。その意味では安倍政権は、現時点でよい選択だと思います。この種の政治判断は、お勉強して身に付けるような「情報」や「知識」の類いではなくて、地頭の「国際感覚」があるかどうかが重要です。

安倍政権が「パーフェクト」だと言うつもりは私もありません。しかし、結果的に過去3年で結果を出しています。象徴的なのは**2016年5月のオバマ大統領の広島訪問**でしょう。これは安倍政権が失政をしていたら、実現しなかったでしょう。

厳しさ増す国際環境の中で

——確かに、国際的な環境は厳しさを増しています。

かつて**「ポストモダン」**という言葉がありました。日本でも80年代以降、90年代頃に特にもてはやされました。私は当時も、そういった類いの言葉には関心がなかったのですが、例えば「歴史は終わった」とか「世界はフラット」という言葉は今もうあまり聞きません。

２０１６から２０１７年に入っていく現在では、「ポストモダン」どころか、19世紀の帝国主義時代が戻ってきたかのような「プレモダン」的側面すら出てきているし、「フラット」どころか、さまざまな格差や差別が世界を覆っているわけです。

――確かにその通りです。

しかし、実は、そうした現象は「ポストモダン」などが喧伝《けんでん》されていた90年代

★ポストモダン＝近代（モダン）を支えていた条件を批判した思想などの潮流。ポストとは「〜後」を示す言葉。

頃にもあった話です。つまり、歴史は当時も終わっていなかったし、世界もフラットではなかった。

冷戦が終わった直後、私は何をしていたかというと、サダム・フセインのクウェート侵攻という「蛮行」により始まった湾岸戦争を外務省北米局で追っ掛けていました。

ですから、当時は「冷戦は終わった。バンザイ。これで平和だ」という感慨はあまりなくて、**むしろ「熱戦」が始まってしまった**という認識でした。

日本は当時、「熱戦」への準備が十分にできていなくて、湾岸戦争の際は130億ドルもの税金を拠出したけれども、それは必ずしも評価されなかった。

ちなみに、クウェート人の名誉のために言えば、クウェートが出した新聞記事というのは、民間団体であって、政府が出したものではないと聞いています。

★フランシス・フクヤマ『歴史の終わり』、トーマス・フリードマン『フラット化する世界』などの著作では、冷戦後、世界は平和になり、インターネット等の発達で格差がなくなるとされた。

とはいえ、当時、日本は130億ドルも出したのにあまり評価されなかったというのはその通りでした。クウェートの立場からすれば、お金ではなく、やっぱり「いざ鎌倉」と、実際に馬に乗って自分たちの支援にはせ参じてくれた人がどうしても目に入るわけです。

「人は出せませんが、お金を出しますよ」という人が二の次になるのは、これはある意味において仕方がないことだったと思います。

だから、クウェート政府がそこまで頭が回らなかったとしても、私はあまり非難するつもりはないんです。ただ、象徴的な事実だったことは事実ですね。あの広告については。

その後私は、WTOのサービス貿易交渉の首席交渉官となり、中近東第二課長、中近東第一課長を経験して、1998年から日米安保条約課長になって、周辺事態法案の国会審議に取り組みました。

★湾岸戦争への拠出＝湾岸戦争に派遣された多国籍軍の戦費は各国がまかなった。日本は追加支援も含めると、約130億ドル(当時のレートで約1兆7000億円程度)を湾岸戦争のために支払った。

あれは実に長丁場で、3年余り、3人の課長を投入してようやく仕上げた法案なんですけども、その最後の部分を担当しました。

——中東から、日米同盟ですか。

法案の国会審議以外の仕事では在日米軍との交渉が多かったですね。

今でも覚えているのは、当時、彼らとの会話であった、**「ロシアはいつまで保つかね」**というものです。

共産主義体制が崩れ、民主化したロシアがこの形でいつまで続くだろうかと。そして、いずれ彼らは「戻ってくるんじゃないか」といったことを雑談していました。

そこでは、「ポストモダン」的な発想は一切なくて、**いつロシアが軍事的に帰ってくるか、いつ中国が強大化するか、そんなことをずっと考えていました。**

★クウェートの新聞記事＝クウェートが米国の主要英字紙に掲載した感謝国の中に日本の国名がなかったこと。

――リアリズムですね。

そう、全くのリアリズム。冷戦が終わって世界は変わったという高揚感がなかった。

冷戦終了直後に湾岸戦争が起きましたし。あんなばかなことをサダム・フセインがやるとは思わなかった。中東の世界では「歴史は終わった」とはなっていなかったわけです。

当時の私は、ポストモダンにこだわる論者たちはヨーロッパを念頭に置いているんじゃないかなと思っていたんです。正直言って、これは単なる「知的遊戯」で、一種の流行で終わるだろうな、と。

その流行が去った後、人間の本質は何かと改めて考えてみました。冷戦の終わった後も**中東では弱肉強食の状態が変わらないし、状況は決してグローバリゼーション一辺倒ではなかった。**

その頃から、どうやって将来のことを読むかに関心を持つようになったんです。

だけど、そうはいっても役人をやっていた頃は、先を読んだからといって、どうってことはないわけです。役人の仕事は基本的に、今目の前にある問題をどうやって処理するかということが基本ですから。

先が読めても読めなくても、現場での処理が適切にできなくては意味がない。

歴史の変わり目を読む

——その意識が変わったのはいつですか。

変わったのは、やはり外務省を辞めてからですね。今風に「ぶっちゃけて」言えば、外に出て改めて思ったことですが、外務省に限らず、官僚組織は非常に「タコつぼ化」しているわけです。

まず、部屋が違うわけですよね。中東の部屋があり、国際法の部屋もあるし、領事の部屋もあるし。各局でそれぞれ違う。

役人は、「一兵卒」から始めるわけでしょう。そうするとまず、ある局のある課のある係に配属されるわけです。

それで、仕事に取り組んで、どんなに優秀で頑張ったとしても、20年ぐらいたないと課長にはなりません。それで、やっと課長になっても、それは一つの部屋でしかないわけです。部屋が幾つか固まったものが局です。局長になっても、まだコンパートメントの中にしかいないわけですね。では、全てを俯瞰できる立場になるのは何かというと、事務次官や外務審議官（次官級）です。

だけど、外務審議官も経済と政治の両方がそれぞれありますから、政治しかやらない、もしくは経済しかやらない。だから、真の意味で全体を俯瞰《ふかん》できる人は大臣と副大臣、次官ぐらいしかいない。政務官もいますが、やはり部屋付にされていますよね。

ということは、**役所にいる限り、全体を俯瞰して見るという訓練はできない**ようになっているんです。役人は、自分の責任でここは絶対やらなくてはいけないというものがあります。例えば、中国課長になったら、中国のことは全て絶対やらなくてはいけない。そして、ほかのことについては、勉強する時間があまりないと言わざるを得ない。

――となると、大臣や事務次官以外は、職務はずっと「タコつぼ」ですね。

外務省を辞めてから、責任もなくなり同時に情報も入ってこなくなったのですが、一方で、全ての地域、全ての問題についての制限や「バイアス」がなくなりました。

国際問題についていろいろな質問をいただいたり、原稿や講演の依頼が来るようになって、それで少しずつ、国際情勢、外交全般に関することを考え、話し、書くようになってきたわけです。あれからもう12年経ちました。

それで何が分かったかというと、まず、**大抵のことは「公開情報」で分かる**ということです。外務省を辞めた後、省内で読める秘密指定の電報などは全く読んでいません。もちろん、読めれば読めたで良いのかもしれないけれども、それがないと状況が全く分からないという情報は、あまりありません。

むしろ、大きな流れを知るためには、細かい極秘情報とは違う分析が必要だと痛感しました。例えばこれから10年先の大きな流れを見る時に極秘情報は必ずしも必要ではない。


——大きな流れを見るには、何に着目すればよいのですか。


それは**相手国、例えば中国なら中国の内政、外交を過去10年、20年、もしくは100年のスパンで俯瞰して、大きく変わっていった局面をもう1回全体的に見直す**ことです。

そこには、相手国の将来の行動を予想できる「ヒント」が必ず隠されているんです。

もちろん、歴史は過去と同じように繰り返すことはありません。しかし、将来へのヒントは「過去」にあるんです。そのことに気がついてから、意識的に歴史書ではなく、歴史年表を読むようになりました。

――そうした方法は、どなたかから学ばれたのですか。

大勢いましたが、一人だけ挙げるとすれば、２０１４年に亡くなられた岡崎久彦さんです。私がアメリカ・ワシントンで研修生だった時、岡崎さんはちょうど大使館にいました。何回かお会いする機会があって、「私、将来は安全保障をやりたいんです」と言ったんですね。そうしたら、彼は一言、**「それなら歴史を学びなさい」**と言ったんです。それは本当に、私にとって神の啓示のような一言でしたね。

――歴史から安全保障、戦略論を知るということですね。

先を読もうとすると、どうしても戦略的な発想をしなければいけない。地政学的な発想をしなければいけない。そのときに一番頼りになるのは経験ではなく、歴史であって、**一番当てにならないのは「極秘情報」**ということですね。

幸いなことに、もともと私は「中東屋」として仕事を始め、日米安保を10年担当し、北京にある日本大使館に勤務して、その後、外務省を辞めたわけです。その意味では、一つとして極めたものはない。過去十数年、その三つで細々とやってきたのですが、日本の外交、国際情勢を考えるためには、それでちょうどよかったと思います。

今も、さまざまな質問をいただきます。朝鮮半島の話も出てくる。ロシアも出てくる。ヨーロッパだ、BRICsだと、ある意味何でもありです。専門家ではありませんが、**どの地域、いかなる問題でも「複眼的」な視点が必要**で、ある一つの側から見ているだけでは全体はつかめないものだと思っています。

――歴史を「複眼的」に読み返す際に重要なことは何ですか。

まずは基本的な歴史の情報です。例えば、何年に何が起きたか。年表を読み返すことが大事です。

戦略論というのは簡単に言うと、**軍事的な知識で世界史を分析し直すことです。自分の視点で書き直すことです。それが私の戦略論の考え方**です。

特に政治の動きと軍の動きを歴史的に見ていくことが有効です。こうした分析に地理の要素を合わせていきます。「地政学」ですね。そのやり方を極めていくのが有効です。

なぜ歴史に戻るかといえば、やっぱり人間の本性はそうは変わらないからですね。

本書のテーマで言えば、ロシアの動き、中国の台頭といった**「諸帝国の逆襲」**との関連で、**われわれが一番多く学べるのは19世紀の歴史**だと思います。

もう一つは、私自身が、外務省試験の際に勉強した「外交史」ですね。これも有効です。

――「諸帝国の逆襲」とは何ですか。

端的に言えば、冷戦終了後、一部の旧大国が帝国主義的な動きに戻っていることです。帝国主義とは19世紀のヨーロッパ各国が海外に植民地を求めて、自国の領土を拡大していったことですね。

私は、1997年頃に、「ナショナリズムの回帰」をテーマに論考を書きました。20年も前に書いたものを先日、もう一度読み返してみたのですが、21世紀になったけれども、意外にあの時の発想は間違っていなかったなと思いました。手前味噌ですが。

その書いた内容で冷戦終了後の世界を見直してみると、このように見えてきます。

米ソの冷戦が終わったことで、ソ連・ロシアに「ナショナリズム」が復活してくる。それが幾つかのフェーズ（局面）で構成される。

まず、ソ連の崩壊があって、それから次に民主化という流れになり、その中で、ヨーロッパと組んだ人たちの中から「億万長者」がたくさん出てくる。

ヨーロッパの資本がどんどんロシアを席巻していきます。それに対抗すべくプーチン政権ができて、オリガルヒ（ロシアの新興財閥）のパージ（追放）が始まる。その結果、オリガルヒたちは、訳の分からない不思議な死に方をしたり、起訴されたりしていくわけです。

ロシアではプーチンが、民主的な制度の下で大統領に選ばれましたが、その後、**タンデム（二頭体制）の下でメドベージェフを連れてきて、権力を交互にスイッチ**し、大統領と首相を代わる代わる2人で独占した。

あれはやっぱり小さな「徴候」のようなものだったんですね。

こうした徴候を見つけることが大事だということが分かってきた。

徴候というのは、医学用語になぞらえて言えば、一定の症状《シンプトム》を示すものですけれど、例えば咳《せき》が出たり、微熱が出たとしても、それが単なる軽い風邪ではなくて、大病のサインであったりすることもあるわけです。

名医であれば、症状を見ただけで、単なる風邪なのか、それとも大病の徴候なのかが判断できるようになる。これを**人間ではなくて歴史に当てはめて考えるとどうなるか。**

――歴史に立ち戻って現状や将来を考えるということですね。

一つ例を挙げましょう。**バランス・オブ・パワー（勢力均衡）**とは言うけれども、例えば、核兵器のパリティー――パリティーというのは1対1でバランスが取れること――においては、両者が同じような力を持つだけでは、必ずしも安定とは言えないということです。

そのことを、先ほど申し上げた岡崎久彦さんが日清戦争の時の日本海軍と中国海軍の軍艦の建造競争を例に挙げて、説明してくれたんです。日清戦争の始まりとなった豊島沖海戦は日本の圧倒的勝利でしたが、それで中国は日本に対抗すべく大艦隊を建造していきました。中国側の能力が高まって、ついには日本とほぼ互角に近づいていったんです。

戦争というのは、両者が同じ力になったとき、すなわち、力が均衡した時に起きなくなるのでは必ずしもありません。それどころか、往々にして、**追いついたと思った方が、「これなら勝てる」と過信して仕掛けていく**ものであって、それが最も危険なのだと。

――なるほど、均衡からさらに踏み出して、「一発やってやろう」と。

だから、核兵器のパリティーは必ずしも安定を意味しないし、完全な抑止をも意味しない。むしろ、弱い方が強い方に追いついて「これなら勝てる」と誤算した時に戦争は始まるのです。

両者が戦うか戦わないかは、実は戦力のバランスを見ていて、**追いついた時が一番危ない**んだということを岡崎さんが言っていた覚えがあります。私は「なるほど」と思いました。

例えば、今の中国にその考えを当てはめてみれば、中国は今、アメリカに追いつこうとしています。そして、中国がアメリカと同じ力を持つ時、これはバランス・オブ・パワーではなくて、中国は自分たちの方がアメリカよりも強くなると過信し、誤算をするタイミングになるかもしれない。その方がむしろ危険だということになります。

つまり、岡崎さんが考えていたのは、**安定勢力が、同等の力ではなく、より強い力で現状変更勢力を抑止しなければいけない**ということだったと思います。抑止できなくなった時に戦争が始まるというのが彼の考え方です。それに従えば、中国の海軍、サイバー（インターネット上の空間）もそうですけれども、全てが今、アメリカに追いつこうとしている。こうした時に、果たしてこれがいい方向に行くのかどうか、心配しているのです。

日清戦争の際の競争、もしくは冷戦時代の米ソの競争、そういった過去の歴史の中から見えてくる教訓は必ずあるはずです。

それを踏まえて、中国、特に人民解放軍の新しい徴候はどこから出てくるか。どれが危険な徴候なのかを見ていかなくてはいけないということですね。

世界的に重要な「徴候」

――まさしく「歴史に学ぶ」というのは、こういうことなんですね。

私はそう思っています。それで、この徴候の観点でいえば、**世界的により重要な徴候が、クリミア併合です。**国家意思としてのダークサイドと言えるかと思います。

クリミア併合ではロシアがポスト冷戦時代の現状変更を行いました。より厳密に言えば、先に確認した通り、グルジア（現ジョージア）の南オセチアをロシアが取りに行ったのが２００８年です。その頃から国家の野望が徴候としては、見え始めてはいたのですが、それはしょせんコーカサス地方での話でしてね。世界はそれを見落としたのです。

しかし、クリミア併合はポスト冷戦時代のヨーロッパ方面で初めて現状変更をしたという意味で、**桁違いに大きな世界史的意味を持ちます。**

2014年という年にロシアの国家的な意思としてのダークサイドを示した。

重要な転機をもたらした時期であったということだと思います。

——2008年のグルジア侵攻が徴候で、今回のクリミア併合につながった。

クリミア併合は、ポスト冷戦期が終わったことを示す徴候だったのでしょう。冷戦が終わり、ロシアは民主主義になったけれども、実際は帝国に戻った。その間、二十数年がポスト冷戦期です。つまり、ロシア熊が冬眠から覚めて、初めはうつらうつらしていましたが、がぶっとかんだのがクリミア併合です。

その意味では、今回はものすごく大きな熊が出てきた。冬眠から完全に覚めたという意味で、やはりこれは重要な徴候ですね。

2004年にあった中国の危険な徴候

――もう一つの「帝国」、中国はどうでしょうか。

中国のことで、私が一番気になっていたのは、**2004年に出された、中国人民解放軍の文書**です。

2002年に中国では江沢民が総書記を辞めたのですが、中央軍事委員会の主席にはずっと居座っていました。2002年に胡錦濤が総書記になり、その2年後、2004年に中央軍事委員会の主席になります。

その2004年に人民解放軍が新しいコンセプトを発表しました。それは「新世紀の新たな解放軍の歴史的使命」というタイトルの文書で、要約すればこういう内容です。

「今まで中国は自国の領域だけを守っていたけれども、今や中国の経済的な権益は領域に限られず、世界に広がっている。従って、人民解放軍もその権益を守らなければいけない」そう言って、**外に向かい始めることを主張していた**んです。

私はこの2004年の文書は大事だと思っています。実に危険な徴候でした。

2004年に中国指導部は「新世紀の新たな段階における人民解放軍の歴史的使命

（原文：新世紀新段階我軍歴史使命）」と題する軍の基本任務を定めた。

新たな使命とは、中国指導部が国際安全保障環境を再評価し、中国の国家安全保障の定義を拡大するうえでの調整を行うものであり、その目的は、共産党統治を強化し、国家発展の戦略的機会と国家利益を守るための「力による保障」を提供し、中国が世界平和に重要な役割を果たすことである。

新たな使命は中国の安全保障環境の変化、国家発展の優先順位、共産党の目的にそった人民解放軍の任務再編を念頭に置いたものであり、中国の指導者は国家発展のために国防力と経済成長との調整を図るとともに領土的境界を越えた戦略的利益を確保するため、解放軍がより大きな役割を果たすよう求めている。

（宮家邦彦『正しく知る人民解放軍　隠された内実　中国株式会社の研究2』2015年、主婦の友社　キンドル版）

それが実行に移されていくわけですが、一つは、**2008年12月に中国の公船**

の2隻がわが国の尖閣諸島周辺の領海内に侵入した。これも重要な徴候でした。

その後、特に**国際的に最も大きな問題は南シナ海における人工島建設**でしょう。

フィリピンの提訴を受け、2016年7月12日に、オランダ・ハーグにある常設仲裁裁判所は、「南シナ海に中国が独自の『九段線』なる境界線を引き、遂には岩を埋め立てて人工島まで作ったが、そうした中国の主張には国際法的根拠はない」という判断を下しました。それに対して、中国は反発を強めている。

私はこの事件を「中国の満州事変」だと言っています。

国際法上の根拠なく人工島づくりを強行したのが「満州事変」、今回の常設仲裁裁判所の判断が「リットン調査団が出した報告書」です。じゃあ、次は国連脱退かと、こういう話なんです。中国はこれからも国際社会に背を向けていくのか

★満州事変＝1931年に関東軍が柳条湖事件を起こし1932年に満州国を成立させたことに対し国際連盟が「リットン調査団」を派遣。1933年日本は国際連盟を脱退。

どうか。

そのくらい大きな、国際社会を敵に回すような愚行をやりかねないという意味では、今回の人工島をつくったこと自体が、東アジアの地政学的環境全てを変えてしまったとすら言えます。

恐らく人民解放軍は、2004年に決めたことを忠実に実行してここまで進めてきたのでしょうが、その結果、世界を敵に回してしまうことになった。ロシアのクリミア併合に匹敵する中国の事件。それが南シナ海における人工島の埋め立てです。

「力の空白」で見る中東

――なぜ、中国は「人工島」をつくろうとしたのでしょう。

それを考えるためには、**「力の空白」**という考え方が有効です。ある地域で「力の空白」ができると、必ずそこに空白を埋める力がかかってくる。中東では既にそのような事件が何回も起きています。**米軍のイラク撤退**の事例を考えてみましょう。

湾岸地域の「力の空白」がどのように生まれて変化していったか。

20世紀前半まで、湾岸地域はイギリス海軍が支配していました。ところが、1960年代の後半にイギリスが海外に駐留している艦隊を、スエズ以東から撤退させるという決定をして、1970年までにそれが完了するんです。

それはイギリス軍の海外でのプレゼンスの低下なのですが、これによって湾岸地域に「力の空白」ができた。これは誰が埋めたのか。サウジアラビアは埋められない。イラクも埋められない。それができたのはイランのシャー（王）だけです。

シャーが1970年から「湾岸の警察官」を事実上担いました。その状況は70年代末まで続きます。その間に「第1次オイルショック」（1973年）がありましたけれども、オイルショックというのは、OPECではなくて、OAPECすなわちアラブ産油国が起こしたものですから、イランはそれに参加していない。つまり、少なくともシャーは、あの石油戦略において、必ずしも責任があるわけではないのです。

そのシャーが１９７８年、79年のイラン革命で追放されました。そうすると、イラン自体が巨大な「力の空白」地帯になるんです。

次にその「力の空白」を誰が埋めようとしたかというと、２つの国が埋めようとした。**１つはソ連です**。ソ連はアフガニスタンに侵攻します（１９７９年）。そして**もう１つ、イラン革命でできた「力の空白」を埋めようとしたのがサダム・フセインのイラク**です。

フセインは１９８０年にイラン・イラク戦争を始める。イラクがイランを攻撃したわけですが、それは大誤算だったわけで、戦争は8年続きました。

その間に何が起きたかというと、アフガニスタンではソ連と反対勢力の間で内戦が続いた。その結果、ソ連は疲弊した。そして、ソ連軍がついに、１９８８年に撤退を始めるんです。

アフガニスタンからソ連が撤退して何が起きたかというと、今度はアフガニスタンに「力の空白」ができる。それを埋めたのは**タリバンとアルカイダ**です。

２００1年にはそのアルカイダが９・11（米同時多発テロ）を起こします。そこで、今度はアメリカがアフガニスタンを攻撃して、事実上占領する。米軍が駐留したわけです。その後、２００３年にアメリカはイラクを攻撃して、サダム・フセインを追放します（２００６年にイラク政府が死刑執行）。

２００３年から戦争が始まり、短期間で米軍が駐留し、そして何万人もの米兵がそこに派遣され、内戦が始まり、何千人もの米兵が死にました。だから、オバマ大統領は２０１1年末までに米軍戦闘部隊の撤退を決定するわけです。そこでまたイラクで「力の空白」ができました。最後にそれを埋めたのが**イランの革命防衛隊と「イスラム国」**ということです。

今は、シリアでも「力の空白」ができています。シリアの内戦についてはアメリカが何もしないから、結局、空白を埋めているのは**イランとロシアと「イスラム国」**というわけですね。

――「力の空白」は必ず埋められるものなのですね。

そう。こう見てくると、国際政治の大きな流れは「力の空白」で見ていかなければいけないということです。

南シナ海の人工島問題に戻りましょう。１９９０年代に南シナ海で何が起きたかといえば、フィリピンの基地使用協定をフィリピンの上院が批准を拒否したために、米軍が１９９１年にフィリピンから出ていくわけです。

その結果、フィリピンのスービック海軍基地とクラーク空軍基地から米軍がいなくなり、**南シナ海に巨大な「力の空白」ができ、それを中国が埋めることになった。**

今の南シナ海の問題の大半は、1991年に始まっていると考えて良い。それが現在に至っているのです。

徴候には、見えるものと見えないものがあります。目に見える徴候は軍事的な侵入などです。見えない徴候が「力の空白」です。軍隊が撤退する結果、そこに「力の空白」が生まれて、その次のパワーシフトを引き起こすのです。

要するに、見えるものと見えないもの、両方を考えていくべきということです。

――今後、トランプ大統領の政策によっては、「力の空白」が世界中で生まれることもあるのでしょうか。

極端な話、トランプ氏の選挙中の公約がそのまま実行され、同盟国が経費を負担しなければ米軍は撤退するとなれば、**欧州、中東、アジアに巨大な「力の空白」が生まれます**。その時は、アメリカが「グローバルパワー」であることをやめるときですが、そうなれば、アメリカは偉大ではなくなります。それをトランプ氏が理解できないとは思いません。

第5章では、その見方を地政学の観点で確認していきましょう。

第5章

地政学リスクとは何か

──正しい日本の針路の取り方

ダークサイドが噴出する世界。混迷する国際情勢には「地政学リスク」の観点が有効だ。5つのポイントで日本の針路が見えてくる。

マネーの世界、パワーの世界

――第4章では、「力の空白」が常に空白では終わらず、パワーシフトをもたらすことを確認してきました。

パワーとは何か。それは権力、チカラです。

もし、政治家の方でパワーの流れが見える人がいたら、選挙は百戦百勝です。誰もパワーが見えないから、あんなに選挙が大変なんです。

パワーというのは見えなくて、突然現れて、突然消える。お金と違って、貯めておけないし、利子もつきません。

そのパワーをどうやって見定めるか、追っかけるか、考えてみたら、私は外務省で27年間こればかりやってきたんです。

国内でパワーが動けば、これは国内政治です。国際的に動けば、これは国際政治です。私は27年間、国際的なパワーの動きを追っかけて七転八倒してきた。

そこでパワーの世界を、私は一体どのようにして理解しようとしているかをお話しするのが本章の趣旨です。

「地政学リスク」とは何か

では、さっそく質問します。**「地政学リスク」**という言葉があります。最近よく聞かれるようになりました。特に、エコノミストの方がよく使っています。マスコミでもよく使われますよね。新聞紙上にもよく登場する「地政学リスク」ということの言葉。どういう意味ですか？

――地理的な要因と政治の状況で、リスク要因が決まるということですか？

ちょっと分かったような、分からないような説明ですね（笑）。

例えば、新聞記事では、米国株の分析で、「中国の景気減速や地政学リスクで売り膨らむ」といった見出しで使われます。それから、「北朝鮮で水爆実験が行われるなど地政学リスクが高まった」。こういうふうに使われています。

改めて伺います。「地政学リスク」って何ですか。

――この場合は、戦争が起こりそうな気配があるとか…。

本当に戦争が起こるんですか（笑）。

実にあいまいな言葉ですよね。**「地政学リスク」という言葉を使っている報道でも、使っている人は、よく分かっていないんじゃないかな。**

第1章で触れた通り、2016年3月22日に、ベルギーのブリュッセルで大事件（テロ）が起きました。こうしたテロの前にも、2015年1月にフランス・パリにある「シャルリー・エブド」という風刺画の新聞社が、イスラム教徒なら怒るような風刺画を掲載したことに対し、イスラムを「冒瀆《ぼうとく》をした」という理由で襲撃された事件があったと思います。

同年11月13日にもパリで大きなテロ事件があり、このほか、大規模ではないにせよ、幾つかのテロ事件がフランス国内でありました。

ブリュッセルの空港で起きたテロ事件の3週間前、3月3日に私は現地にいました。完全武装した治安部隊の兵士が街中を歩いていました、しかし、それだけでは全く抑止にならず、大事件（テロ）が起きたわけです。空港もずいぶんとセキュリティーが厳しかったけど、テロは防げなかった。でも、これは「地政学リスク」ではないでしょう？　これは**「テロのリスク」**です。

それでは「地政学リスク」って何ですか。

——何でしょう？　分からなくなってきました。

２０１６年１月７日に北朝鮮の「水爆実験」が行われたという報道がありました。北朝鮮に関する報道では、「地政学リスク」という言葉がよく使われます。

北朝鮮は、その核実験後、ミサイルを発射するわけです。何回も核実験をすれば、核弾頭は必ず小さくなります。なぜ核弾頭を小さくするかというと、ミサイルへ載せるためです。彼らは何をしているのか。私にとっては簡単です。

核実験とミサイル発射実験、これを合わせて彼らは、米国からの攻撃を抑止するための**「戦略核ミサイル部隊」を一生懸命つくっている**んです。

北朝鮮は、この核実験とミサイル発射実験を、これまでほぼ3年ごとに行っていましたが、ここにきてさらに加速させています。でも、これは「地政学リスク」ですか。違いますね。これは「核拡散のリスク」でしょう。

――地政学という言葉がいかにあいまいに使われているかが分かってきました。

２０１６年のはじめに、上海の株式市場で大暴落が起きたときも、「地政学リスク」という言葉が新聞紙上をにぎわせました（２０１６年１月４日）。これも正確には、**「マーケットのリスク」**です。

さらに見ていきましょう。

やはり今年のはじめ、２０１６年１月２日に、サウジアラビアはシーア派の法学者を処刑しました。それで、イランのテヘランでデモが起き、テヘランのサウジアラビア大使館が焼き討ちに遭い、その後、サウジとイランは断交しました。

確かに大変なリスクですが、これも強いて言えば、**「石油供給のリスク」**です。

「地政学リスク」とは、結局のところ、エコノミストの一部の人たちが、自分たちの理解できない国際情勢のことをそう呼んでいるだけの話です。国際情勢は複雑ですが、記事には厳しい締切と字数制限がある。面倒だから「地政学リスク」を最後に持ってきて、お茶を濁すのです。

――私はエコノミストではありませんが、反省します…。

だから、中東で石油の値段が下がったとか、サウジとイランが断交したりすると、「これは地政学リスクだね」などと簡単にレッテルを貼るのです。どれも、きちんと説明しようと思えば、説明できることですよ。**分からなくなると「地政学リスク」という言葉を使ってごまかしているだけ**。こういう安易に言葉を使う人たちは国際情勢が分かっていないんです。

もう1つあります。

なぜ石油の値段が下がっているか。これはアメリカとサウジアラビアの陰謀なんだと、こう言う人がいる。いわゆる「陰謀論」ですね。

こういうことを言う人を信用してはいけません。陰謀論というのは、エコノミストなどが自ら理解できない因果関係を指すときに使う言葉なんです。

石油の値段が下がっている理由はごく当たり前のものです。**エネルギーの値段は、平時にはマーケットメカニズムで、有事には政治的に決まる**んです。

今、有事ですか。平時でしょう。平時だからマーケットで決まるんです。

「シェール革命」があったでしょう。覚えていますか。シェールガスがアメリ

★シェール革命＝岩盤掘削技術の進展で、アメリカにおいて従来は採掘できなかった頁岩層（シェール層）からのガスとオイルが豊富に取れるようになったこと。

カで出るようになったというものです。アメリカから石油がどんどん出ます。そうしたら、例えばアメリカの石炭が安くなる。ヨーロッパはロシアの高いガスよりもアメリカの石炭を買って発電します。だから全体の値段が下がる。簡単なことです。物事が分からなくなると陰謀のせいにするのは、私はよくないと思う。

それだけではないですよ。「運命論」とか「結果論」とか、変なことを言う人がいっぱいいる。こういう人たちを信用してはいけません。

なぜ彼らは間違えるか。

それは、私が冒頭申し上げた「パワー」と「マネー」の関係が分からないからです。

——目に見えない「パワー」を考えることが大切なのですね。少しずつ「地政学」の見方が分かってきました。

軍事知識が重要

もう1つ、地政学を考えるときに大事なのは**軍事知識**です。

ゴジラって知っていますか。実は、世界的に有名な日本のアイコンの1つです。最近も、官邸の様子がリアルだと言われた、「シン・ゴジラ」という映画がありましたね。

――突然、ゴジラ、ですか（笑）

ええ、日本の戦後の安全保障環境を考える際に、ゴジラは一つの指標になります。ところで、ゴジラは何歳か知っていますか？　彼は一昨年、還暦だったんです。

す。なぜ私が知っているのかというと、実はゴジラは昭和29年生まれで私の1歳下だからです。

当時のポスターには、「水爆大怪獣映画」と書いてあった。何だそれって思うでしょう。

――ええ（笑）。

「驚異と戦慄の一大攻防戦」とも書いてありました。何の攻防戦だかよく分からない。左頁の写真を見てください。ゴジラです。この前足というか、右手に持っているのは戦闘機です。日の丸がついているでしょう。航空自衛隊機なんですよ。

自衛隊ができたのは昭和29年です。「水爆大怪獣」が、航空自衛隊と戦ってい

「ゴジラ」第1作（1954年）で防衛隊と戦うゴジラ〔©TOHO　CO.,LTD.〕（写真／時事）

第5章 地政学リスクとは何か
―正しい日本の針路の取り方

るわけですが、この映画は実は、反戦・反核映画だったんです。

――ゴジラが反戦映画なのですか…。

実は最近、改めて全部見て思ったんです。この映画はおかしい。いろいろと疑問が出てくる。例えば、どうして自衛隊はゴジラと戦うのでしょうか。ゴジラがどーっと太平洋から上陸してくるでしょう。先には送電線があって、ゴジラが電線を引きちぎっていくと、目の前に大平原がある。そこに自衛隊の戦車が待ち伏せしていて、バーン、バーンとゴジラに撃ちまくるのですが、ゴジラはびくともしない。そしてついに、ゴジラは東京へやって来る。

――何で自衛隊は怪獣と戦うのですか。

当時の日本は「平和国家」だから、自衛隊は敵と戦ってはいけなかったんです。
当時の公理は「平和＝非軍事」でしたから、軍隊があること自体がいけなかった。
さらに言えば、当時は、「仮想敵国」を持ってはいけなかった時代なんです。
仕方がないから怪獣と戦ったんですね。こういう国だったんです、日本は。
リアリズム（現実）からほど遠く、むしろ、ポエティック（詩的）ですよね。

——今なら近隣諸国も入り乱れて危険な国を相手にゴジラが大暴れ、でしょうか（笑）。

国際情勢を見る5つのポイント

それでは、私の考える「地政学」をお話ししていきましょう。
5つのポイントを考えて、国際情勢を「地政学」で見ようとしています。

まず**第1のポイントは、地政学の「地」が地理の「地」であること**です。国家のパワーや脅威は、地理に依存するんです。地理って何ですか。川であり、海であり、島であり、山です。

第2のポイントは、動くけれども見ることができない「パワー」です。

――パワーは、どのように動くのですか。

今、ここが突然「真空」になったとしたらどうなりますか。窓があれば、窓を破って外からすごい勢いで空気が入ってくるでしょう。ある選挙区が「空白選挙区」になったら、どうなりますか。そこに出馬しようとする人が殺到します。

第4章でも述べたように、「空白」めがけて動いていくものなんです。

「力の空白」というのは恐ろしいですよ。音を出します。どういう音かというと、大体、「ドドドドドドドッ」「バリバリバリバリッ」という音を出す。つまり、戦争が始まるんです。私もイラクにいた頃、何度もそうしたパワーが動く音を聞きました。

第3は、「パワー」相互の関係性です。パワーはものすごく複雑ですから、因数分解をして考えます。

例えば日中関係で言うと、3つの同心円を考えます（図9）。国内の問題、それから地域の問題、そしてグローバルな問題を考える。

冷戦時代であれば、米中関係でなくて、米ロ関係になります。その上で、個々の同心円にはそれぞれのベクトルがあると考える。

そのベクトルが通常は大体、別々の方向を向いているんです。だから、物事はそんな簡単には動かないのですが、時々、「惑星直列」が起こるんです。「惑星直列」があると、事態は良い方向にも悪い方向にも激しく動き始めます。

第4に、最も大事な話をしましょう。**地政学では「経済合理性」を優先してはいけないんです。**

どういうことか。

ロシアのプーチン大統領は、２０１４年にウクライナに手を出しました。クリミア併合です。

あの「事件」を経済合理性で説明してくださいと言われたら、どうですか？できますか？

――むしろ、損をしそうですよね。

あんな、あからさまな国際法違反をやったら、必ず報いがあります。国連安保理決議もできません。だって、ロシアは拒否権を持っているんですから。だけど、それでも欧米は経済制裁をやったじゃないですか。経済合理性を考えたら、ロシアが経済制裁を受けるような行動を取ることなどあり得ないんです。

それにもかかわらず、なぜ入って

図９　日中関係を考える際の３つの同心円

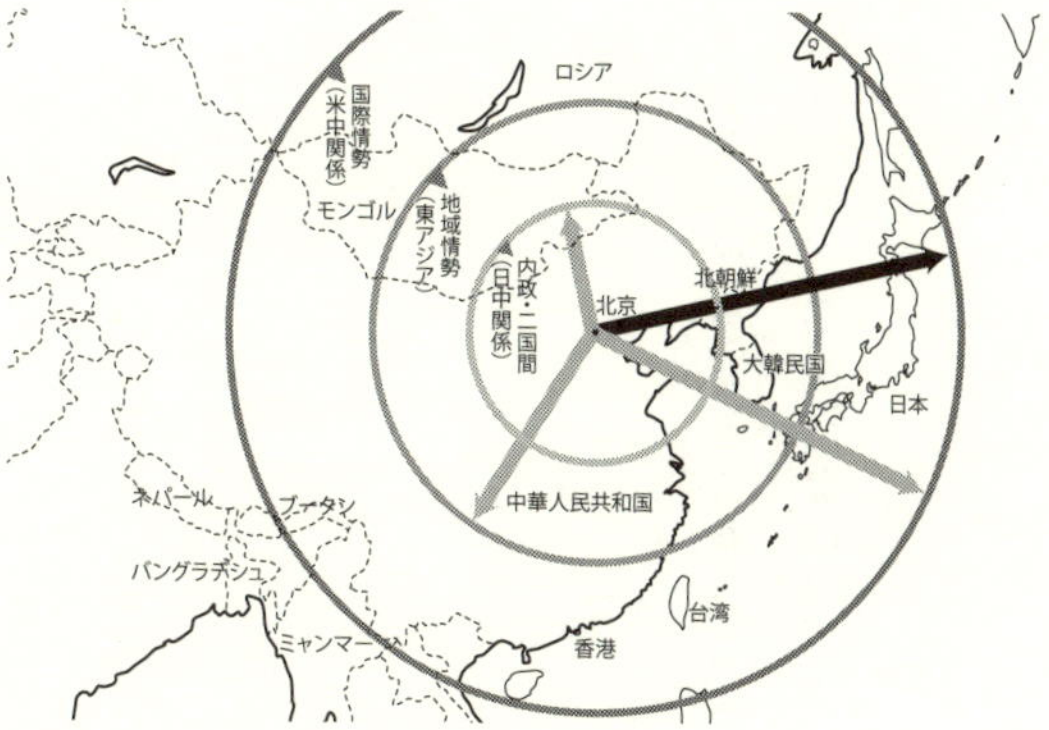

いったのか。

それはロシアが経済合理性を超える「利益」を取りに行ったからです。それは何ですか。戦略的な利益、地政学的なニーズということです。

地図をひっくり返して「見る」

そして、最後の**第5番目です。それは「ひっくり返す」です。**

これまで、さまざまな分析、私の考えや見立てをお話ししてきましたが、では何でも分かるんだなと言われれば「それは無理です」と言わざるを得ない。人類の森羅万象、すべてが分かるわけはない。

では、分からなくなったらどうするか。私は視点を180度変えるんです。

すなわち、地図をひっくり返すんです。そうすると見えてくることがある。

さあ、以上の5つのポイントを前提に、具体的に各地域を地政学的に見ていきましょう。まずイラクです。

――宮家さんがいらっしゃった、イラクですね。

次頁の図10の地図で中心がイラクとシリアの国境です。北側がトルコとの国境ですね。東側はペルシャ、イランです。右側に首都バグダッドがあります。

この地図には「イスラム国」の支配地域が含まれています。

イラクを地政学的に見た場合、まずは何が地理的に脆弱《ぜいじゃく》なのかを考えます。

バグダッドの北側にティクリートという町があります。ティクリートはサダム・

フセインが生まれた所でもありますが、これは地政学においては何の意味もありません。

地政学ではどう考えるかというと、まずイラクの首都バグダッドがある。この南東方向に、バスラという町があります。バスラはペルシャ湾に面した、イラクの石油の積み出し港です。バグダッドからは何百キロも離れています。

私が注目するのは標高です。バグ

図 10　イラクの地図

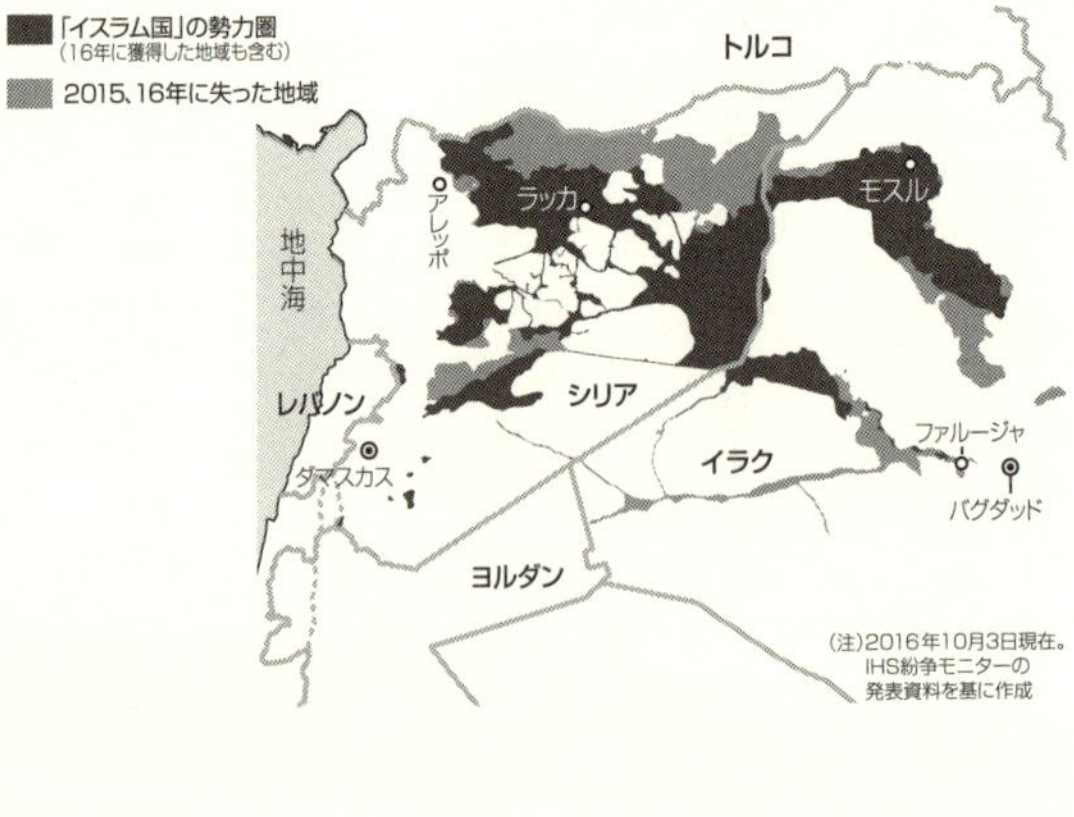

ダッドの平均の標高は海抜32メートルです。そして、バスラの平均標高は4メートル程度です。

ということは、数百キロ先まで行っても標高差は二十数メートルしかないということです。つまり、イラクの南部は真っ平らということです。

――地域を分断するような山がないのですね。

真っ平らということは、強い敵が来たら、下手をすると皆殺しになるということです。イラクは日本みたいに海に囲まれていないんです。**守られていないから、強い軍隊が来たら皆殺し**です。

ここでなぜ強国が、具体的にはアッバース朝ですが、1回しかできなかったか。それは、その周辺に煮ても焼いても食えない「隣人」が大勢いたからなんです。

――攻められやすいということですか。

イラクは基本的に真っ平らでしょう。東西南北の「隣人」は誰か。まず北側がトルコ。ここは山です。山からクルド、アラブ地域に向けて下りて来たら、どうにもならない。オスマン朝はメソポタミアをどのくらい支配したと思いますか。数百年ですよ。

東側はペルシャ（イラン）です。ここもまた台地です。だから、山から下りてくる。下りて来られたらどうにもならない。ペルシャ帝国はメソポタミアを１０００年ぐらい支配しています。

南にはベドウィン（遊牧民族）というのがいるんです。砂漠ですから、障害物はなく、北上してくれれば、一発でやられます。

西側は、今はシリアですけど、歴史的に言えばギリシャ・ローマです。

マケドニアのアレキサンダー大王はどこで死んだか知っていますか。バグダッドの郊外で死んだんです。彼はメソポタミアを越えて、インドまで行くんです。大王はインドから帰ってくる途中、バグダッドの郊外で死ぬんです。

つまり、歴史的にメソポタミアの周囲には、東西南北に煮ても焼いても食えない「隣人」がいて、過去数千年の間、彼らの「殺戮《さつりく》と侵略の十字路」だったということです。これがイラクが脆弱である理由の一つ。

——地理的にどういった条件に置かれているかが、国家の命運を決めるのですね…。「力の空白」状態が起こると、周りから攻められる。

「力の空白」を第4章で触れたイラクの例でより詳しく具体的に見てみましょうか。それはアメリカの不介入主義で生じた**「力の空白」**です。

2001年に米同時多発テロが起きました。アメリカはどうしましたか。アフガニスタンにまず攻め入った。そして、2003年にイラクに攻め入るんです。それでサダム・フセインの首をとりました。

その結果、イラクの地に何万人もの米兵が駐留するようになりました。何が起きますか。私はちょうどその時、バグダッドにいたからよく覚えているのですが、内戦が起きるんです。それはそうでしょう。イラク人は外国人が大嫌いですから。内戦が始まるが、すべての宗派グループの共通の敵は米兵でした。だから、アメリカ兵が何千人も死んだんです。

その後、何が起きたか。

アメリカ本土では「とんでもない」と。「もうこんな戦争やめてしまえ」となる。兵士はどんどん死ぬし、国内では、厭戦《えんせん》気分がますます高まる。

ちょうど2008年に大統領選挙があり、オバマ氏が「Yes, we can」と言って当選し、2011年の末までの撤退を決めちゃったんです。

——今回の米大統領選と異なり、2008年のオバマ政権誕生時には「高揚感」がありました。

2011年の末、クリスマス前に米兵がどっとアメリカに帰ってきました。アメリカ全土で、「ああ、よかった、これで平和になった、よかった、よかった」となった。

ところが、私にはそうは思えなかった。だって、そうでしょう。4、5万人もの米兵がいたんですよ。それがいなくなるということはどういうことか。イラクに巨大な「力の空白」ができるということです。

その**「力の空白」は必ず誰かが埋める**んです。誰が埋めたと思いますか。バグダッドから南はシーア派の地域でしょう。そこは**イランの革命防衛隊**が埋めたんですよ。

北はどうでしょう。北の「力の空白」を埋めたのは、結局、**「イスラム国」**でした。こうして、イラクは破綻国家になってしまったのです。

――今後、トランプ大統領が「内向き」政策を取るとさらに「力の空白」が生まれて、ダークサイドや諸帝国の逆襲が起こりそうです。

ロシアを地政学的に見ると

次は**「諸帝国の逆襲」**の一つ、ロシアを見ていきましょう。日本にとって、重要な国の一つでもあります。

イラクほど平らではないけれども、なだらかな丘陵地帯。「ノース・ヨーロピアン・プレーン」と呼ばれる地域です。プレーンというのは平ら、平地という意味です。

中心にあるのがモスクワ、15世紀のモスクワ大公国です。この公国の周りは平ら。なだらかです。

そうするとイラクと同じように、周りの敵を心配しなければなりません。ただし、モスクワはバグダッドのように敵は東西南北すべてにはいません。なぜかというと、モスクワの北は寒すぎて敵がいないからです。

モスクワの敵は西と東と南から来る。

ヨーロッパからの敵侵入にはルートが2つあります。1つは北欧からのバイキング、もう1つが西欧からのヒトラーとナポレオンです。これを、止められるのはロシアの冬将軍だけでした。さらに、南から来たのがイスラムです。東はアジアから。フン族、タタール、モンゴル、中国です。

このように、モスクワには三方からの脅威があるわけです。


――メソポタミア（イラク）の地域と同じですね。


ところが、イラクとロシアは根本的に違うところがあるんです。

イラクは弱いと皆殺しになってしまう。気候もモスクワとは正反対で暑い。

ロシアは何をしたかというと、「自然の要塞」がない点はイラクと同じなんだけれども、ロシアは戦った。そして、敵が来る前に「緩衝地帯」（バッファー）を取っておけばいいんだと考えるようになった。

100パーセントの安全保障を確保するためには、**緩衝地帯を増やせばいい。こうやってロシアは三方からの脅威に備えた**んです。

その結果、モスクワ大公国が15世紀以降、どんどん拡大していくわけです。ロシア人にとっては、「母なるロシアの安全保障は安泰」ということなのでしょうが、周りの国や民族にとっては、ロシアの帝国主義ということになります。

――本書では、ヨーロッパとロシアの対立を一つの軸として見てきました。

ヨーロッパの安全保障の在り方を具体的に見ていきましょう。

1980年代までのヨーロッパはNATOとワルシャワ条約機構がせめぎあっていました。

★ワルシャワ条約機構＝1955年に設立されたソ連と東ヨーロッパ諸国の軍事同盟。NATOに対抗して結成された。

もしモスクワが仮に「大泥棒」だとします。仮にですよ。

昔は、「警察官」は東ドイツの西側、西ドイツにしかいなかった。ところが、1990年以降、ソ連が崩壊していきます。崩壊するとどうなるかというと、だんだんNATOが拡大してくるんです。もちろん「警察官」も一緒についてきます。

今はバルト海三国からポーランド、チェコ、スロバキア、ハンガリー、ルーマニア、ブルガリア、これらの国々が全部、NATO加盟国になってしまったのです。

こうなると、ロシアは「商売上がったり」です。モスクワからウクライナはほんのすぐ、とても近い距離です。ですから、ウクライナがEU、NATOに入るなどという話をモスクワが認めるはずがないんです。

クリミア問題というのは「経済合理性」ではなくて、ロシアの安全保障の問題であることがお分かり頂けるでしょう。

もう1つ大事なポイントがあります。

「欧州の極右勢力」の台頭です。最近では欧州各国でこの種の人々が10%ぐらいの票を取るんです。最近は「海賊党」なんていう党まで出てきています。

2015年、ヨーロッパに行って私はびっくりしました。イギリスへ行ったら、スコットランドが「独立する」と騒いでいる。ロンドンへ行ったら、「俺たちはEUから離脱する」と言っている。フランスへ行ったら、「ムスリムの移民、出ていけ」と叫ぶ。ドイツへ行ったらネオナチがいた。ハンガリーに行ったら、「シリアの難民、出ていけ」というわけです。

これは、一体何ですか。これこそが**醜いヨーロッパの民族主義の復活の徴候**ですよ。第2章で見てきた通りです。

これまで、ヨーロッパの民族主義は封印されてきました。不思議なことに、冷戦がヨーロッパの醜い民族主義を封印してきたんです。なぜか。

当時は「自由主義対共産主義」のイデオロギー対イデオロギーの戦い、すなわちインターナショナリズム対ナショナリズムの戦いだった。

ヨーロッパは、冷戦の時代に民族主義を封印しました。孫悟空はお釈迦様の手のひらの上で暴れたでしょう。お釈迦様は山のふもとに悟空を封印するわけ。お札をぺたっと貼って。

冷戦が終わるということは、そのお札が「取れた」ということです。お札が取れると、孫悟空は戻ってくる。ロシアの熊がいつでも帰ってくるということを意味する。ドイツのナチスもいつでも帰ってくるということです。

だから、ヨーロッパ人は必死で、お札が取れた後も、孫悟空がその穴の中にいるように知恵を出したんです。その知恵が、NATOの拡大、EUの拡大、そして、ユーロの導入だったんです。

ヨーロッパが、冷戦が終わった後も一生懸命封じ込めようとしたあの醜いナショナリズムが、ロシアで復活した。それを象徴するのがクリミア併合だったのです。

ですから、クリミア事件はものすごく大きな意味を持つ。歴史的には大きな事件だと思います。

中国の膨張と地政学的脆弱性

――中国はどう見ればよいのでしょうか。

中国も日本にとっては、とても重要な国です。

中国の地政学的な脆弱性《ぜいじゃくせい》は何か。共産主義中国ではなく、漢民族の中国を考えます。周りには多くの「蛮族」が住んでいます。

中国の周辺にも東西南北の「蛮族」がいます。

2100年の中国の歴史を振り返ると、面白いことが分かります。

紀元前2世紀、紀元後2世紀は前漢、後漢の時代です。私が受験のために使った歴史地図によれば、当時の漢族に対する脅威は北から来た。南北朝時代も基本的に同じです。だからこの時代に万里の長城がつくられたのでしょう。

その後、唐の時代になって、状況は少し変わってきます。敵が変わってくるんです。8世紀後半になると、典型的な漢族の地政学的な脆弱性が見えてきます。すなわち、漢族のハートランドである中原（黄河中下流地域）と中央アジアを結ぶ回廊が、ウイグルとチベットに挟まれているということです。これが現在に通じる漢族の地政学的脆弱性です。

宋の時代には周りの勢力が強くなりましたから、漢族の中国は小さくなる。その後、「金」すなわち女真族の国が出来、さらにモンゴルがやってくる。モンゴルを追い出し、漢族は明で復活するんですが、同時にウイグルもチベットも復活している。続いて、「後金」、これも女真というか、満州族が興り、清の時代が来る。19世紀にはロシアが南下してウラジオストクを取る、さらに20世紀には日本が入ってきて、現在に至る。

これが中国の地政学的な脆弱性です。簡単に言うと、ポイントは2つあります。まず**第1、漢族の中国のサイズは、周りの蛮族の力次第**。相手が弱ければ大きくなるし、相手が強ければ小さくなるのです。

第2に、それでは、今の中華人民共和国はどうですか。この国の陸上国境は安定しているでしょうか。まず、北の蛮族は誰ですか。中華人民共和国の北の蛮族はロシアでしょう。でも、ロシアと中国のけんかが一番ひどかったのは60年代、70年代、中ソ論争があった頃です。当時は中国にとってソ連があまりにも強くなったから、日本と関係改善したんです。アメリカとも関係改善。これが1972年の日中国交正常化ですよね。

しかし、今のロシアが中国の敵ですか。味方でもないが、少なくとも脅威ではないんです。

あとは内モンゴル。中国は内モンゴルを取っちゃったでしょう。ウイグル、取っちゃったでしょう。チベットも取っちゃったでしょう。そうしたら、中国にとって脅威は何ですか。

南はインドがありますが、インドが脅威になるわけがない。ヒマラヤがあるんですよ。あの高い山々を越えてインド人が来ると思いますか。

では、中国の南で、一番中国とけんかしてきたのは誰ですか。ベトナムですよ。ベトナムを見てください。紀元前の昔からずっと、北ベトナムは中国が支配しているんですね。ちなみに、ベトナム人は中国が大嫌いだと聞きます。

ということは、中国の陸上国境はオーケーなんです。全然問題ない。

何で問題がないのにあんなに軍事費を使うんですか。何で中国は航空母艦を欲しがるんですか。何でミサイルをあんなにつくるんですか。

簡単です。**中国の脅威は陸から来ない。中国の脅威は海から来る**んです。

なぜ脅威は海から来るかというと、今の中国で最も豊かで最も脆弱な地域は太平洋側です。天津から香港まで、そこに中国の富の大半がある。

その大半を支えるのは人と金と技術とエネルギーと資源です。

そのうち彼らが持っているのは人だけです。残りの資源と技術とエネルギーと金。これらはどこから来るかというと、海から来るんです。

なぜ海から来るか分かりますか。それは、歴史的に海上輸送コストの方が陸上輸送コストより安いからです。そして、そのルートに立ちはだかるのが日米同盟です。少なくとも、中国の人民解放軍関係者はそう考えているはずです。

これが中国の地政学です。

――すごくよく分かりました。

中国の考える海洋を図にするとこんな感じになります（図11）。簡単に言うと、沖縄から台湾を抜け、フィリピンに抜けて、南シナ海を囲む線を解放軍関係者は**第1列島線**と呼んでいるらしいのですが、この線の内側はもう中国の海だと思っている。

さらに、小笠原からグアム島に抜け、パプアニューギニアまで抜ける**第2列島線**という概念もあり、「2020年までには第2列島線の内側は中国の海になります、よろしくお願いしますね、入ってくるんだったら政治的譲歩をしてください」ということです。

それはできないでしょう。だって、そこを通るのは日本のシーレーン（海上交通路）ですよ。**日本のシーレーンと正面衝突する**んです。

第2列島線の外に出ろということは、アメリカはハワイに帰りなさいということです。台湾、韓国も見捨ててね。日本から、もちろん沖縄からも出ていって。太平洋は広いでしょう。米中で分けましょう。

図11　第1列島線と第2列島線

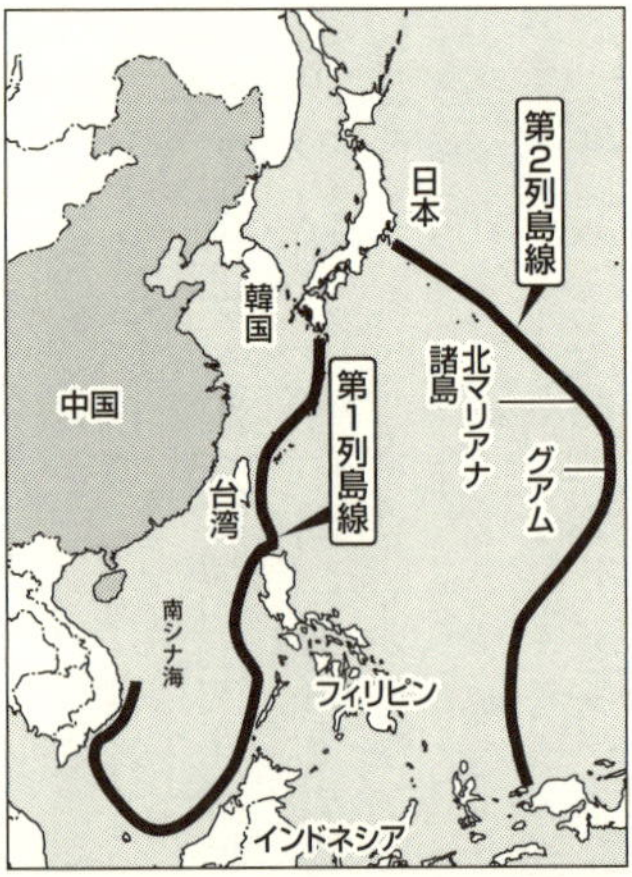

（出典）米国防総省

それだけのことですよ、と中国は言っているわけです。

それは日本にとってはあり得ない選択です。なぜか。

この第1・第2列島線というのは、南シナ海は特にそうですけれども、この地域の現状変更ということなんです。ここに巨大な人工島をつくった。これが典型的な例です。

南シナ海の地政学的脆弱性

――中国は、南シナ海になぜ人工島をつくったのでしょう。

その前に、南シナ海の地政学的な脆弱性を話します。

スプラトリー諸島があります。2015年にある写真が公開されました（24

9頁）。これはアメリカ海軍の飛行機、対潜哨戒機、P－8Aというんですが、この中で撮った写真です。

このディスプレーに写っているのが人工島です。この飛行機がスプラトリーの周りの上空を飛ぶわけです。そうすると、海の方から中国の軍人が、「ここは中国の区域だから、入ってくるな」と、こう言うんです。それで空から「ここは中国の区域ではない、公海上の上空だ」と言い返しているものです。

実はこの写真を撮り、中国とアメリカ間の無線のやりとりを全部録画して、世界中に配信したのがCNNです。なぜそんなことをしたのか。

それはアメリカ海軍がリークしたからでしょう。なぜアメリカがリークしたか。それは、「中国がつくったこんな人工島は認めない」ということです。

２０１４年５月にまた別の話が出ます。

２０１４年５月１日、中国がパラセル諸島、中国は西沙諸島と呼んでいますが、そこに突然、巨大なオイルリグ（石油掘削装置）を持ってきた。オイルリグというのは海底を掘るどでかい機械です。

それを地域に持ち込んだので、ベトナムは猛反発しました。

ベトナム船が現地に急行し放水して、それで中国も放水で応じて。これが本当の水かけ論なんですけど（笑）。まあ、それがいつまでたっても終わらない。最後には、ベトナムの船が沈んじゃって、大変なことになった。

この状況を地政学的にどう説明するか、理解するか。この話は実はもっと昔にさかのぼります。

――前史があるのですか？

それは１９９１年です。１９９１年当時、フィリピンには、クラーク空軍基地とスービック海軍基地という米軍の駐留基地がありました。同年、そこで大変な事件が起きるんです。

まず第１は、このクラーク、スービックの近くにピナトゥボ火山という火山があるのですが、それが１９９１年４月に大爆発しました。その結果、火山灰が積もっちゃうわけですね。クラーク基地が使えなくなった。スービック基地も使えなくなりました。

さらに、フィリピンが「基地は最低国外」と言い出した。フィリピンは当時「反米」国家だったんです。どこか、今と似ていますね。

当時フィリピンには、アメリカに基地を提供する協定があったんです。その協定が何と１９９１年11月に失効する。米軍はその協定の更新を望んだのですが、

南沙諸島上空を偵察飛行する米海軍哨戒機P-8A。〔提供写真〕
(U.S. Navy／ロイター／アフロ)

そこでフィリピンは「アメリカは出ていってください」と言い出した。フィリピンの議会（上院）が、実際に協定を更新しなかったのです。

アメリカはどうしたと思いますか。言われた通り出ていくんです。スービックから出ていく、クラークからも。それで一体何が起きたと思いますか。

中国外交って非常に分かりやすいんですが、**1992年2月、すなわち、米軍が撤退を始めてからわずか数カ月後の2月ですよ。中国は領海法を制定しました。**

領海法って何ですか。南シナ海も東シナ海も、これ、全部中国の海、全部中国の島、全部中国の資源だと中国が一方的に定めた法律が領海法です。

つまり、「警察官」がいる時は何もしない。しかし、クラークとスービックから米軍が撤退すれば、南シナ海が巨大な「力の空白」になるんです。その空白を埋めたのが中国です。非常に分かりやすい話なんです。

フィリピンもばかなことをしたと思う。

時代は下って、2014年4月28日。オバマ米大統領がアジアにやって来ました。

4月13日に東京に来て、それからソウルに行って、クアラルンプールに行って、4月28日にはマニラに入って、フィリピンの大統領と一緒に新しい軍事協定を結びます。

その内容で最も重要なポイントは、「米軍の巡回型プレゼンスを強化促進する」というものでした。

巡回型プレゼンスってどういうことですか。昔、米軍はフィリピンに常駐していました。これからは常駐ではありません、ローテーション（巡回）しますと。ローテーションで2、3週間に1回帰ってきたらどうですか。常駐に限りなく近くなります。そうやって米軍は帰ってくるという意思を表明した。これが2年前の2014年4月28日です。

思い出してください。中国がパラセル諸島にオイルリグを持ってきたのは同年5月1日でしたね。

要するに、**オイルリグを持ってきて、中国はアメリカにメッセージを出そうとしたん**ですよ。オイルリグって巨大なものです。それをいとも簡単に、右から左に持ってきたんです。なぜか。

それはアメリカに対するメッセージを出すためです。どういうメッセージかといえば、簡単でしょう。「アメリカさんね、あんた、何考えているの。あんた、

１９９1年に出ていったじゃない。二十何年間ほったらかしにしておいて、何を今さら帰ってくるんですか。ここはもうみんな中国の海、中国の資源だと領海法で言うたやないですか。何を今さら言っているんですか」、こういうことです。これが中国の主張であり、これが**米中対立の本質**なのです。

要するに、南シナ海の問題というのは、実はきのう、きょう起きたことではなくて、少なくとも１９９1年から始まっているということです。

国際情勢を見る第５のポイントで、行き詰まったら、「地図をひっくり返す」と言いましたね。２５５頁の図12の地図を見てください。

何の変哲もないイギリスと日本の地図です。これが実は戦略的に、地政学的に言うと、ものすごく似ているんです。

地図をひっくり返すと分かります。何となく似ているのが、分かりますか。巨大な「魑魅魍魎《ちみもうりょう》」が住む大陸があって、その大陸の沖に遠からず近からず、小さな島国があって、その島国の国民はものすごく優秀だけど、残念ながら天然資源がない。そのような島国の国益を最大化する方法は何ですか。3つあるんです。

私は特許を取ろうと思って、特許庁に申請しようと思ったんですが、特許は既に大英帝国が取得していました（笑）。これから見ていく3つのことは、要するに、大英帝国の対欧州大陸戦略なのです。

第1は、大陸でのバランス・オブ・パワーです。大陸には「魑魅魍魎」が住んでいますが、このうちの1つが強くなって、覇権国家になったら困るでしょう。イギリスは介入してきましたよね。ナポレオンの下でのフランスとか、ヒトラーの下でのドイツとか、スターリンの下でのロシア。そんなものが大陸全体の覇権国家になれば、その脅威は必ず島国に及ぶんです。日本だって経験あるでしょう。

13世紀にモンゴルがやってきたでしょう。元寇が来たでしょう。それと同じです。

第2は、島国は海洋国家ですから、大陸とは健全な距離を置かなくてはいけません。陸に上がっていっていいことなんかないんです。イギリスだって、ヨーロッパ大陸に介入し過ぎて、えらい目にあって、やけどをしているわけですよ。

日本だってそうでしょう。7世紀、日本は朝鮮半島に行った。白村江《はくそんこう》の

図12　イギリスの地図と日本の地図

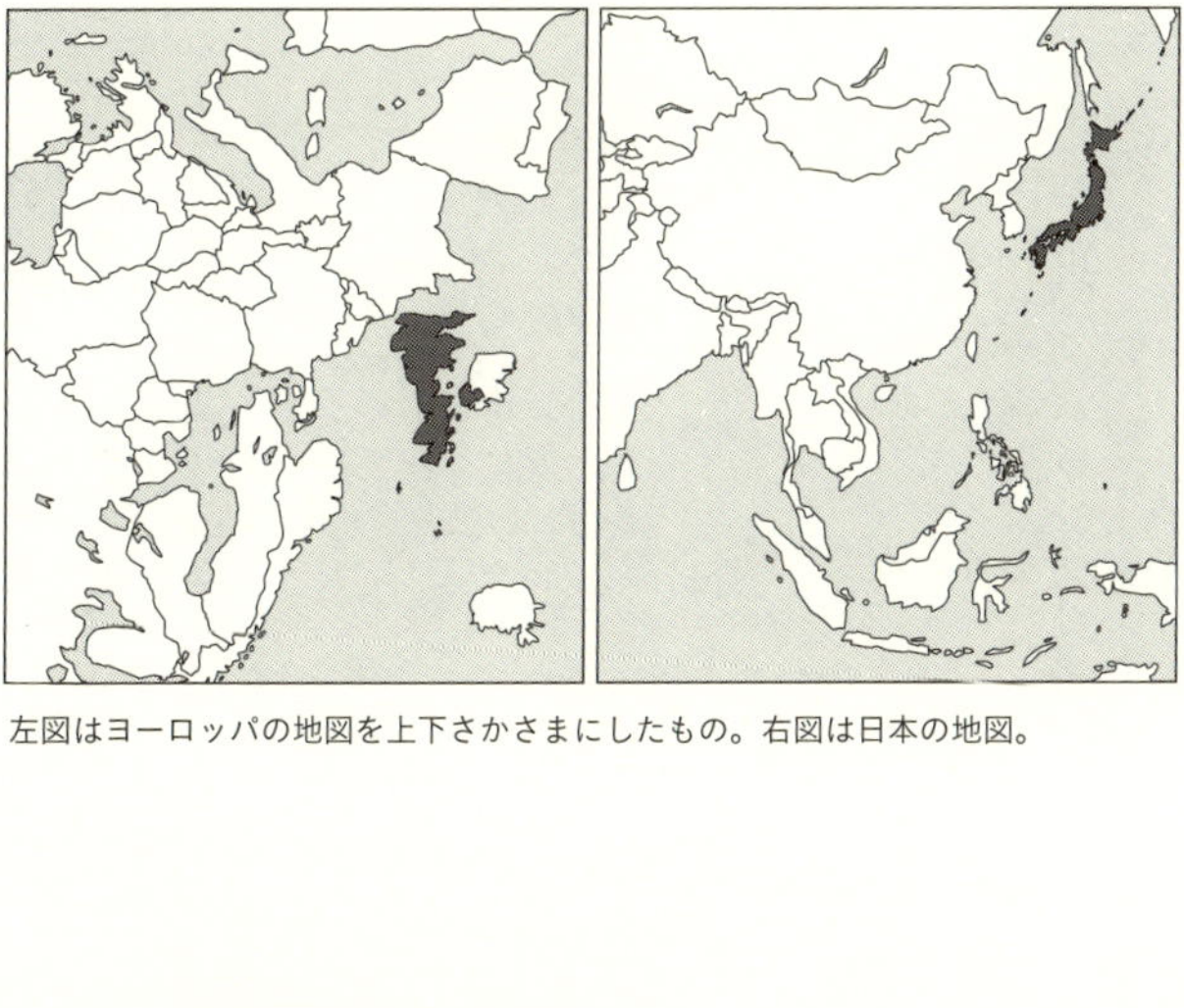

左図はヨーロッパの地図を上下さかさまにしたもの。右図は日本の地図。

戦いで追い出されたでしょう。百済と組もうとしたら、新羅と唐の連合軍にやられちゃったんですよ。何かいいことありましたか。秀吉が朝鮮出兵をやって、いいことありましたか。日韓併合をやって、いいことありましたか。過度な介入は国力を消耗するだけなんです。ほどほどにしなければいけないんです。

では、どうすればよいのか。島国は「シーレーン」の保護が最重要に決まっています。シーレーンを維持して、資源がないんだから、自由貿易で栄えるしかない。これがイギリスの戦略でした。

日本は近代、２つの島国同盟に恵まれました。

第1の島国同盟は日英同盟です。

イギリスとの同盟で、ユーラシア大陸のロシア帝国と中華帝国のバランスを維持した。当時の日本はすでに大陸に進出はしていましたが、イギリスと協調することによって、ある程度健全な距離を置くことができた。

そして、イギリス海軍を使ってロシアを牽制《けんせい》し、シーレーンを維持し、自由貿易で栄え、民主主義を導入した。これが戦前の日本のサクセスストーリーですね。

そのサクセスストーリーをつぶしに来たのは誰ですか。アメリカ合衆国でしょう。

アメリカが日英同盟をつぶすんです。そして、ワシントン海軍軍縮条約で英・米・日の戦艦保有数が5対5対3となる海軍軍縮の世界に持ち込むわけです。それで日本は日英同盟を破棄してしまう。まあ、そこまでは仕方がない。

問題はその後です。日本は戦略的な判断ミスをするんです。

それは何かというと、ドイツとかイタリアのような共通利益のほとんどない大陸国家と同盟を結んだことです。それが日独伊三国同盟。これは地政学な大失敗です。

私は、日本の近代史上最も大きな戦略的判断ミスがこれだと思っています。その結果、日本は全てを失うんです。

ところが、**1945年、今度は、第2の島国同盟ができました。それが日米同盟です。**

何でアメリカが「島国」なんだと言われるかもしれませんが、アメリカは世界一の島国です。アメリカは大陸国家ではありません。

アメリカと同盟を組んで、ユーラシア大陸のソ連共産党と中国共産党とバランスを維持して、朝鮮半島で南北のバランスを維持した。アメリカと協調することによって、日本は大陸に入っていく必要がなくなった。米国の第7艦隊を使って中東までのシーレーンを維持し、自由貿易で再び栄え、そして、民主主義を回復したじゃないですか。これ、偶然ですか。私は偶然ではないと思います。必然だと思います。海洋国家には海洋国家の生きる道があるわけです。

日本の針路は

——では、日本はどうすればいいのでしょうか。

問題は中国です。こんな人たちとけんかをしてはいけません。相手は体重10倍です。体重10倍のお兄ちゃんと「プロレスごっこ」をやりますか。圧死しますよ。プロレスをやるなら、バトル・ロワイアルをやらなきゃ。そういうゲームをしないとだめです。そう考えると、日本はやはり、中国大陸なんかに入っていく必要はないんです。

われわれが必要なのは海です。陸じゃないんです。その意味でも、中国による南シナ海の人工島建設と軍事基地化は絶対に認められない。

日本は引き続き、第2島国同盟、すなわち日米同盟で頑張らなくてはいけないんだけど、残念ながら今のアメリカは忙しい。だって、ウクライナでロシアが牙をむいた。中東はむちゃくちゃだ。こんな状態で、米軍はアジアなんかに来られますか。しかも、大統領はトランプさんですよ。

このような状況では、恐らく第2島国同盟だけでは足りないんじゃないか。**第3の島国同盟か、もしくは第2の島国同盟プラスアルファみたいなのが必要ではないですか。**

私だったら、世界第2の島国と同盟しますよ。どこでしょう、世界第2の島国。それはオーストラリアです。ほかにもあります。シンガポールだって島国でしょう。フィリピンだって島国です。インドネシアもそうです。

21世紀の国際情勢は冷戦時代よりもはるかに不安定かつ不確実になるでしょう。日本は、何とか、島国同盟を強化する形で生き延びていかなければなりません。

これがわが日本の直面する国際情勢なのですから。

あとがき

トランプ候補の勝利は一体何を意味するのか。米国のダークサイドはいつまで続くのか。この筆者の難しい質問に、たまたま訪日中だった米国人の旧友はこう答えてくれた。

「これは多分、米国の白人の最後の断末魔だと思う」

これに対し筆者が、

「本当に最後だろうか、これからも何度も繰り返されるのではないのか」

と答えたら、彼は一瞬絶句した。あれほどの男でさえ、米国の将来は分からないという。

彼らが分からないものを我々日本人が如何に理解できるのか。いや、我々が如何に米国を理解していないか、これを思い知ったのが今回の米大統領選挙だった。

本書は11月8日の選挙結果を踏まえ、大急ぎでまとめたものだ。できるだけ読みやすく、判り易くしたつもりだが、筆者がトランプ現象を如何に捉え、理解しようとしているかが何となくお分かりいただけただろうか。

最後に、これまで同様、過去三十余年間、筆者を見捨てず、諦めずに付き合ってくれてきた妻、本書を企画し、筆者とのインタビューを見事に再生してくれた時事通信出版局の坂本建一郎氏に心から御礼を申し上げる。

二〇一六年　十一月吉日
ブライトサイドの覚醒を願いつつ
宮家 邦彦

【著者紹介】

宮家 邦彦（みやけ・くにひこ）

1953年、神奈川県生まれ。東大法学部卒。76年米国ミネソタ大学留学、77年台湾師範大学語学留学。78年外務省入省。外務大臣秘書官、中近東第二課長、中近東第一課長、日米安全保障条約課長、中東アフリカ局参事官などを経て2005年退官。2006から2007年第1次安倍内閣「公邸連絡調整官」として首相夫人を補佐。現在、立命館大学客員教授、外交政策研究所代表。2009年4月よりキヤノングローバル戦略研究所研究主幹。

宮家《みやけ》邦彦《くにひこ》の国際深層《こくさいしんそう》リポート
トランプ大統領《だいとうりょう》とダークサイドの逆襲《ぎゃくしゅう》

2016年12月17日　初版発行

著　者：宮家邦彦
発行者：松永 努
発行所：株式会社時事通信出版局
発　売：株式会社時事通信社
〒104-8178　東京都中央区銀座5-15-8
電話03(5565)2155　http://book.jiji.com

印刷／製本　中央精版印刷株式会社

ISBN978-4-7887-1505-9 C0031 Printed in Japan